朝1分間、30の習慣。ゆううつでムダな時間が減り、しあわせな時間が増えるコツ

起床後1分鐘的
魔法提問筆記

不只是回答問題，
更是吸引好事的超強儀式

〔潛能引導提問專家〕松田充弘—著　賴惠鈴—譯

用早晨的1分鐘，寫下改變這一天的提問筆記

「今天想怎麼過？」早上睜開眼睛後，你是否隨即問過自己這個問題？

大家的答案一定是「沒有」吧？

「自言自語太詭異了。」或許你會這麼想。

但是，假如這個問題能幫大家整理腦中纏成一團亂麻的思緒、非做不可的工作、不得不留意到的細節、絕對不能忘記的

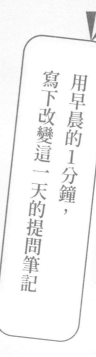

重要事物呢?

「早晨向自己提問」,這個不需要一分鐘的簡單作業,能讓時間發生奇蹟、為人生帶來轉機。

無論是你我、公司裡討厭的上司、心愛的那個人,時間是上天唯一平等地賦予每個人的東西。

其中又以「早晨」為一天的起點,明明已經決定要怎麼過的重要時刻,卻比白天快好幾倍的速度稍縱即逝。

因此,請「有意識」地利用早晨的時光。只有一分鐘也沒關係,希望大家都能善用與自己相處的時間,度過充實的一天,成為邁向完美人生的第一步。

從現在、從這一刻開始,勇敢告別過去習以為常的早晨吧!但願迎向明天的清晨,能成為大家理想中的「第一個早晨」。

從改變「1天」
開始的複利效應

書中介紹的
早晨1分鐘習慣

✦ 不需要全部照辦。

✦ 不用每天都做。

✦ 只要想做的時候再做就好了！
（「明天早上試著這做這件事吧」）

獨家原創！「魔法提問筆記」

✦ 想寫的時候再寫。

✦ 在十分鐘以內寫好。

✦ 放在隨時都能看到的地方。

隨書附一本提問筆記，開始感受
好事不斷的神奇體驗。

前言

獻給所有早上賴床的人

「充弘同學，你起床了嗎？我要先去學校囉。」

我從小學就很討厭早起，每天都在來我家接我的朋友們聲聲催促下出門。

即使到了國中、高中，這種生活型態仍未改變，甚至養成上課鐘響完的最後一秒才衝進校門的習慣。

因為過著這樣的學生生活，無形中成為「早上起不來」的大人。

上大學時，我也曾經想過「如果出了社會，早上還是起不來的話，可能不太妙啊……」

✦就算自己當老闆，也無法解決的賴床問題

上班族必須在相同的時間起床，在相同的時間搭電車，在相同的時間進公司。這麼理所當然的事，我辦得到嗎？

可以想像得到，如果每天早上都遲到，不只會挨上司罵，離出人頭地的軌道也會愈來愈遠。意識到這一點之後，我放棄成為上班族。

話雖如此，但也不能不工作，煩惱了許久之後，我決定自己創業。最大的理由固然是因為有想做的事，但是「早上爬不起來」無疑也是我選擇創業的理由之一。

然而，即使當上老闆，我也無法每天在固定的時間進辦公室。工作人員紛紛提出「最好在固定的日期和時間開會」或「最好明訂上班時間」等等建言。

身為老闆，我決定「那就每週一早上九點開會」，但就連這樣也經常做不到。

在這樣的情況下，我無意中在雜誌上看到以下的報導。

「早晨是一天當中工作效率最佳的時段。這段時間內，體內會分泌出大量有助於提升幹勁及注意力的腎上腺素及多巴胺等神經傳導物質。早晨～中午是商務人士一決勝負的時段，善用這段時間能完成重要的任務、提升工作的生產力、交出漂亮的成績單。」

看了之後，真的有醍醐灌頂的感覺。

我終於了解到，自己一直在浪費對於商務人士來說最重要的時間。也因為期許自己能成為一位傑出的經營者、優秀的生意人、完美的人，才更深切地感受到自己的因循苟且。

話雖如此，但我怎麼也克服不了早上起不來的問題。每天都在用力反省，每天都向沒有我也能如期搞定工作的可靠員工們道歉：「對不起啊……」

從「今天一定要做的事」，開啟超有感的正向改變

後來我將據點轉移到夏威夷，過起經常在日本與夏威夷間飛來飛去的日子。當時我住在夏威夷的家，隔壁有座名叫「阿拉莫阿那中心」的大型商業設施，白天通常都擠滿了觀光客，所以我都在人潮比較少的晚上九點後去那裡散步。

有一天，我發現一家看起來很有品味的日用品店，走進去一看，店裡販賣著琳琅滿目的文具。

我拿起一本筆記本，發現跟一般的行事曆或日記不一樣，是「以一天為單位，寫下那天的待辦事項」的筆記本。

我看著那本筆記本的內容，心想「如果早上起床後。馬上寫下那天的待辦事項，或許能整理腦中的思緒……」。

於是我買下那本筆記本，迫不及待地想試試看效果。

隔天早上起床後，我馬上翻開筆記本，拿起筆。

筆記本裡寫的都是英文，所以不確定是不是真的正確地掌握了內

容，但我至少看懂以下的項目——**「今天一定要做的事」**。

為了填寫這個項目，我問自己：**「什麼是今天一定要做的事？」**

然後在筆記本裡寫下想到的答案。

如此一來，我便順理成章地集中精神處理「今天一定要做的事」，今日事，今日畢。

自然而然地將浮現腦海的各種待辦事項分成「要做／不做的事」，確認自己該做的事，自然而然地湧出幹勁，一早開始的狀態就非常好。

只要專注於該做的事，就能提升專注力，充分感受到當天工作的產值明顯地增加了！

一旦養成習慣，起床後先在筆記本寫下「今天一定要做的事」，幾天後就會奇蹟般地發現，自己對早晨的看法有所改變。

在之前，對於「早上起床」都抱持著消極的想法，「啊……又睡過頭了。得快點去上班才行」、「今天代辦事項有這個，對了，還有那個也得進行……」，但**當我開始寫筆記本後，每天早上的心情都很積極，「今天要做什麼呢？」**

不僅如此，還進一步有了以下的想法：「要是能把這些項目都寫進筆記本就好了」、「一早起來就先寫下／確認這件事的話，整天心情應該會很好」，於是，我開始試著寫下自己覺得「希望起床後可以先做這些」的項目。

這時，我最先想到的內容是「今天想怎麼度過？」完成每天該做的工作內容固然重要，但是比起該做的事，我切身感受到若是著眼於「一天結束時，希望自己是什麼樣的心情？」有助於提升士氣。想到這一點，不禁寫得愈來愈起勁。

「希望今天是怎樣的一天？」

「今天最期待哪件事？」

「今天最想感謝誰？」

從在夏威夷賣場文具店發現的一本筆記本，加上我自己覺得「希望能養成的早晨習慣」的項目，就成了我在本書〈PART 3〉會詳加說明並示範如何使用的「魔法提問筆記」（原：生產力表格）。

✦別讓沒效率地過度努力，占據應有的快樂時光

我在歐洲工作，或是去世界各地的國家旅行時，發現到日本的勞動時間比其他國家長。基本上，日本的公司行號從上午九點到下午六點（扣掉中午休息時間），通常是工作八小時。

現在有愈來愈多企業禁止加班，但加班及假日去公司上班在目前的日本職場仍是常態，也有很多人把自己全部的時間都花在工作上。

另一方面，世界上像日本加班成這樣的國家其實不多，但生產力並沒有因此變差。就我所知，法國人即使吃午飯的時候休息兩小時，也會在下午五點回家，工作的時間明顯少於日本。

根據二〇一四年的數據顯示，日本男性（十五～六十四歲）每人每天的平均勞動時間為三七五分鐘，占ＯＥＣＤ各國的第一位，全球平均的勞動時間為二五九分鐘，可見日本男性每天至少多工作兩小時。

此外，以全球三十八個國家及地區為對象進行的勞動生產力（每一小時勞動的ＧＤＰ）排行榜顯示，日本位居第二十八名（二〇二〇年的調查結果）。

根據以上的調查結果，可以發現「日本的勞動時間與生產力不成比例」，得知這個事實後，我的腦海中浮現出以下的想法。

「我們這些勤奮又努力的日本人如果能更看重生產力，或許就能改革日本的勞動方式。只要發揮我們擅長的『提問』能力，肯定能提升生產力，過上更幸福的人生。」當時的領悟促使我寫下這本書。

✦別逼迫自己一定要「幾點起床」

提到「早上的習慣」，大家很容易第一時間想到「必須早起」。但本書的內容並不是要求大家「請早點起床」。不管是四點起床還是九點起床，你起床的時候就是「早晨」，希望各位理解，這本書並不是在推崇早起。**重點在於「起床之後要先做什麼」，而非「幾點起床」。**

或許大部分的人目前都是聽到鬧鐘響起，才心不甘、情不願地起床。然而，利用早上這段時間「對自己提問」，奇蹟般地具有無與倫比的能量，足以顛覆各位從小到大的常識。

最好的證明就是即使是從小就很討厭早起的我，單靠對自己提出幾個問題，居然就此改變心態、滿心期待地迎接早晨的到來。

不只是早晨，晚上睡覺前也會思考「明天早上要問自己什麼問題呢？」「明天只要好好地解決〇〇，晚上就能悠悠哉哉地看電影」，在平和穩定的心態下入眠，改善了睡眠品質。

話雖如此，人生在世總會發生千奇百怪的意外。無法在神清氣爽的心情下睜開眼睛時，我會先問自己：「現在的心情如何？」

這麼一來就能清楚地看見內心深處的不安及煩惱，例如「□□的事讓我有點沮喪」或「我很在意△△昨天說的話……」等等。

緊接著，再問自己下面這個問題：「那些煩惱是只要認真思考就能解決的問題嗎？」

這麼一來又會產生新的想法，「對耶，這個問題再怎麼思考也無法解決」、「再煩惱也沒用的話，還不如盡全力做好自己該做的事」。

✦只是「對自己提問」，就會產生奇蹟般地改變

反覆問自己問題，就能整理腦子裡亂七八糟的思緒，理出想破頭也無濟於事的問題；找出自己該做的、能做的事，重回積極正面的心情。

大部分的人恐怕每天都是在相同的時間起床、吃相同的食物、做相同的事，周而復始地過著相同的日子。或許也有人對此沒有任何疑問，也不抱任何期待。

但各位都是產生「這輩子就這樣一直重複做著同樣的事，真的好嗎？」的疑問，才會拿起這本書。正因為各位都是很有想法的人，才想好好善用早上的時間，藉此改變自己的人生。

明天早上起床時，請先問自己：「現在的心情如何？」

——感覺好累，今天就過得輕鬆一點吧。

——今天好像蠻有幹勁的，來挑戰些不一樣的事吧！

了解自己的心情，就會知道今天的目的是什麼，這才是誠實的生存之道，才能奠定自己的主軸。

愈是認真的人，愈習慣加班，就連假日也把自己的時間貢獻給公司。但真正重要的是生產力，而不是花多少時間。

為了用最少的時間創造出最大的成果，不妨善用「對自己提問」

的神奇力量，有效地利用起床後的一分鐘，讓一整天充滿幹勁的開始，讓工作心想事成地順利完成，度過宛如招來好運、高效率又有幸福感的一天。

這種日積月累的努力，將會一點一滴地動搖原本一成不變的日常，讓人生從此有所不同。

PART 1

想改變人生，就從打造早晨儀式感開始！

PART 2

早上1分鐘，養成30個好習慣

習慣1～10 Question

1分鐘的自我提問，打造改變人生的驚人奇蹟

習慣11～20 Action

看似微不足道的行動，讓每天的充實程度產生劇烈的變化

習慣21～30 Plan

養成「計畫未來」的習慣

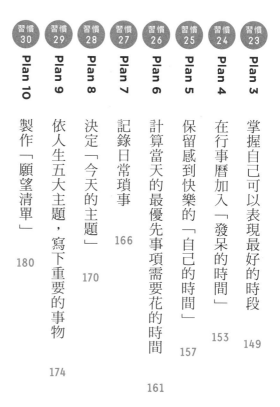

PART 3

起床後的簡單習慣，打造充實的一天 ——引導好事降臨的「魔法提問筆記」

PART 1

想改變人生，就從打造早晨儀式感開始！

「早晨」是一天的起點，
如何度過這段時間，
將決定那一天的品質：
是充實的，或是遺憾的。
人生是由一天一天積累而成，
換句話說，想改變人生，
就要從改變度過早晨的時光開始，
你的生活將會產生不可思議的重大變化！

起床後，先問自己「現在的心情」

大概有很多人在起床後的早晨時光都是被時間追著跑，好比上班族和家庭主婦，不是趕著「9點半前必須到A區的客戶辦公室開會」，就是「8點前必須讓孩子出門去學校」等等。

但如果是沒有這些時間限制的日子呢？

如果沒有非做不可的事，恐怕很多人都會拖拖拉拉地度過早晨的時光吧！

剛創業時，就算在公司內部的會議上遲到，也沒有人敢對我發脾氣，這種狀況更助長了我早上拖拖拉拉的壞習慣。

因此，我便甘於即使不在固定的時間去公司，其他員工也會自動自發地好好工作的環境。

但我不能永遠這麼依賴員工們……無論身為老闆，還是做為一個人，都必須振作起來才行——我總在內心深處記掛著這件事。

就在這個時候，我在夏威夷遇見了在〈前言〉當中提到的那本筆記本。不僅如此，還藉由實踐「對自己提問」，讓起床後的心情和狀態產生巨大的變化。

依據當天的狀態，決定該用多少力氣工作

身為上班族，為工作安排先後順序很重要；可是如果不明白自己

的心情就開始工作、過於勉強自己的話，身心可能都會受到重創。

後面的〈Part 2〉會再詳細說明，自問「現在的心情如何？」是能馬上釐清自己處於什麼狀態的魔法提問，將構成「決定一天要做什麼」的基礎。

任何人都有心情不好的早晨和充滿幹勁的早晨，既然如此，不可能每天都付出同樣地努力，先利用起床後的時間，自問「現在的心情如何？」來了解當下的心情。

在一天的開始，先客觀地審視自我，整理好心情，讓自己處於蓄勢待發的狀態，然後再決定「今天要做什麼／不做什麼」。

剛醒來的第一分鐘，不要先看手機！

你醒來之後，會先做什麼呢？

聽到這個問題，應該很多人會回答「為了知道現在幾點，會先看看手機」。

如果大家知道「起床立刻看手機」，其實是降低早晨工作效率的原因之一，內心又做何感想呢？

✦起床後的一個訊息，會改變整天的心情

基本上，手機是用來溝通的工具，早上起床立刻看手機的話，一定會跟人產生連結；查看睡著時收到的訊息或檢查社交軟體，這種無意間採取的行動，都會形成人與人之間的溝通。

如果是積極正向的內容另當別論，棘手的是看到某個人的發文或留言而覺得心浮氣躁、看到工作上的訊息覺得「唉……真不想處理」，或是看到不忍卒睹的悲慘新聞，導致心情大受影響、跌落谷底的情況也屢見不鮮。

換句話說，「起床後，先看手機」的行為，等於是故意讓負面消息進入全新狀態的腦中——這樣太可惜了！

我把才剛醒來、頭腦還處於一片空白的狀態稱為「白金時間」，而這段時間不應該用來吸收負面消息，應該在尚未接收到任何訊息的狀態下面對自己真正的情緒。

問自己「現在的心情如何？」前，如果先看手機，從而產生負面

情緒，就無法真正理解自己當下的狀態，因為人的負面情緒很容易戰勝正面情緒。

再說得深入一點，科學上已經證明，手機發出的藍光會給大腦帶來強烈的刺激，干擾睡眠，可以的話請不要把手機放在臥室裡，這也是有效利用白金時間的訣竅之一。

在起床的時候，先想想今天會發生的「小確幸」

話雖如此，大概也有人臥室裡沒有時鐘，沒有手機就不知道時間，或是因為工作關係必須手機不離身。

如果你也是這樣的話，早上醒來時的瞬間，不妨先想想今天有什麼期待的事，找出一天當中最大的小確幸，就能找回積極、有幹勁的心情。

一旦找出今天的樂趣所在，即使覺得「好討厭啊，今天有一場漫長的會議」、「要去拜訪難纏的客戶，壓力好大……」，也能產生「好期待開完那場討厭的會議之後喝的酒」、「拜訪完難纏的客戶後，心情一定會輕鬆許多，所以面帶笑容加油吧」等等正面的思考。

愈是一成不變的日子，愈要學會自己找樂子，有很多人早晨醒來時，都抱著消極負面的情緒，好好利用這段「白金時間」，先為自己找出今天值得高興、有趣的事情，這也是讓一成不變的日子，能有效變身成美好一天的訣竅之一。

充實的早晨，會大大提升幸福感

「早起的鳥兒有蟲吃」，這句話的意思是指早起不只有益健康，還能帶來某些好處。但是也有人習慣在晚上工作，或是因為排班要輪值，不太可能每天早起。

前面也提到過，這本書的內容並不是鼓吹「要大家早起」，重點在於「起床之後先做什麼」，這點將左右一天的幹勁及生產力。

現在之所以流行「晨型人」，也是因為有很多人都切身地感受到，如果能充實地度過早上的時間會有助於提升當天的幸福感。

各式各樣的研究皆已證明，充實的早晨有助於提升幸福感。二〇一二年，根據倫敦大學的研究小組進行的研究調查指出，晨型人的情緒顯然比夜型人更積極。

從這些研究也能看出，如何幸福地度過早晨（具體而言是起床後的三十分鐘），是能否過上充實人生的重要關鍵。

✦將感到幸福的事情變成日常習慣

話雖如此，絕大多數的人大概都沒有想過，起床後做什麼事情可以感到幸福。因此建議大家，在醒來的時候，先慎重地自問：「早上做什麼能感到幸福？」

這麼一來，應該會出現只屬於你自己的答案——

「為剛烤好的麵包塗上厚厚的奶油，大口咬下的瞬間很幸福。」

「邊喝美味的咖啡、邊欣賞窗外的風景，很幸福。」

「早點起床做伸展操，很幸福。」

了解自己做什麼事情會感到幸福後，將這些行為養成習慣，主動打造每天早晨的幸福感和一天的充實感。

以下是個人的經驗，我覺得每天早上都能去海邊游泳很幸福。早上沐浴在晨光下，身體會分泌稱為「幸福荷爾蒙」的血清素，對身心帶來良好的影響，所以只要有時間，我都會盡量去海邊游泳；這個習慣對我保持內心的平靜扮演著重要的角色。

為了打造美好的人生，請先找到你覺得「好幸福」的事，從這件事揭開一天的序幕。

養成習慣，有意識地採取行動，這些看似微小的幸福時光，會宛如積沙成塔一般，為人生賦予光芒與色彩。

比起勉強早起，不如遵守自己的步調

我在前文已經說過，這本書的內容並不是「要大家早起」，各式各樣的研究也證明了有人適合早起，但人不適合。

英國牛津大學的研究報告指出，早上六點前起床的人，發生心肌梗塞或腦中風等循環器官疾病的風險，比六點後才起床的人最多高出四成，罹患糖尿病及憂鬱症的可能性也高上兩到三成。

也就是說，並不是「只要早起就好了」。

總是七點起床的人，若勉強自己五點起床的話，體內時鐘會亂掉，導致自律神經失調，晚上睡不著，欠下睡眠的負債等等，可能會對身體造成非常多的負面影響，重點在於要遵守自己的生活步調。

✦用「喜歡的事情」開啟一天的神奇力量

我想先問問各位一個問題——

「最喜歡的食物出現在眼前時，是馬上吃掉，還是留到最後再吃？」

如果你是「喜歡的食物留到最後再吃」的人，得要稍微注意一下。

想也知道，在空腹的狀態下享用，應該會覺得比在吃飽的狀態下享用更美味吧？

「在空無一物的狀態下、得到喜歡的東西」，是讓自己感覺最幸福的訣竅，**而「早上起床後」的一分鐘，正是一天當中「空無一物的**

狀態」。

不只食物，如果是喜歡活動身體的人，早上起床立刻動一動，絕對比下班後再做運動更能讓腦筋清醒、讓身體充滿活力。

即使是熱愛閱讀的人，結束一天的工作後再看書，也很容易看到睡著，再不然就是滿腦子想著今天發生的事。相較於此，早上在通勤的車上看書，還能藉由閱讀消除車上人擠人的壓力，有效地活化腦細胞。

不妨在一天當中最早的時段做自己喜歡、感覺幸福的事，在一天的開頭讓自己心情愉快，有助於讓整天維持幹勁、保持好的狀態。

因此要知道自己做什麼會感到幸福，然後在早上付諸行動。

狀態愈好，人生就愈自由

當時代發生變化，工作方式也隨之變動。直到不久前，還流行上司與部下喝酒交流的「酒局文化」，下班後聚餐及開會可以說是家常便飯。

我二十多歲的時候也參加過許多以工作為名的酒聚及餐會、派對等等，反而是該上班時，卻經常碌碌無為地把時間花在聊天上，這在當時是司空見慣的狀況，也沒有人會對此產生疑問或不滿。

只不過，我早上比別人還要沒精神，所以想好好珍惜白天的時間，常常覺得「這段時間好浪費啊」。

✦找出自己「最佳狀態」的時間帶

我決定不再參加浪費時間的聚餐及慶功宴，想方設法地慢慢淡出後，漸漸地，也開始沒人找我了。

當時是個光出席這一類的聚餐及慶功宴就能給人「這個人的工作能力很強」的印象，相反地，不參加的人則被歸類為「工作能力不好」的時代。

但我深信，「浪費那些時間也創造不出任何東西」，所以決定「不管別人怎麼說，只管做好自己該做的事」。

後來我開始使用自創的「魔法提問筆記」（〈Part 3〉會為大家

詳細說明並示範用法），其中一項自問「如何才能表現出目前的最佳狀態？」，成為我的行動方針之一。

我在製造商品、思考新事業的方向時都忠實地遵守這個答案，從而發想出許多有助於擴大事業版圖的方案，開始表現出亮眼的成果。

根據以上的經驗，我深深明白工作最重要的不是花多少時間，而是生產力，當你愈想同時完成很多事，生產力反而會愈低。

前幾天，某位作家說他打算利用ＩＧ及臉書、電子報等社群媒體做生意，光是發ＩＧ及臉書、電子報的作業就忙得不可開交。

每天孜孜不倦地持續某件事確實很重要，「有做」肯定比「沒做」來得容易成功，也是不爭的事實。但如果每天的時間都用在發表社群的文章上，成本效益未免也太差了！這也是為什麼要站在「如何才能表現出最佳狀態？」的角度來思考是這麼重要的事情。

一旦達到了最佳狀態、生產力提升，就能在很短的時間內完成作業，這也意味著「會多出很多能自由使用的時間」。

如果要開始做一件新的事，比起百忙中絞盡腦汁，在時間遊刃有餘的情況下更能想出充滿創意的點子；無論做什麼事情，都必須同時思考生產力與時間的分配方式。

找出「不用做、也沒關係」的事

「問自己問題」能讓原本不當一回事的想法變得更清晰，光是認知到這一點，行為就會產生變化，進一步提升一天的生產力，讓你的時間運用發生奇蹟般的變化。

「提升工作的生產力」的定義琳琅滿目，很難具體地說明做出什麼樣的成果才算提高生產力，**但是「沒有生產力的狀態」，則有非常**

明確的答案，那就是「總是在做『不用做、也沒關係』的事」。

在起床後的白金時間，可以問問自己「什麼是今天一定要做的事」，藉此找出今天最應該優先處理的事項。

了解到這一點之後，就會自然而然地採取優先處理那件事情的行動，同時也能區別出「今天不用做也沒關係的事」，光是在早上起床後，先問自己一個簡單的問題，能避免整天處於「沒有生產力的狀態」。

✦ 可以明天處理的事，就留給明天吧！

話雖如此，但應該很多人天天都有許多應該做的事；忙碌的上班族通常同時有好幾項今天該做的待辦事項，也應該有很多人覺得這些事項「每件都很重要」。

如果你也是這種忙碌的上班族，更要養成思考要優先處理什麼事

的習慣。

我還是大學生的時候，教授說過一句令我畢生難忘的話：「可以明天處理的事，就留到明天再做。」從此以後，我便一直提醒自己要「積極地拖延」。即使同時有「製作簡報的資料」、「完成△△交代的工作」、「寄□□的資料給客戶」等等待辦事項，也不見得每件都很緊急，必須知道要先處理哪些事，告訴自己「可以明天處理的事，就留到明天再做」。

話說回來，每天有那麼多事項要做，不可能每件都處理得十全十美。可以明天處理、並不緊急的事項，就留到明天再做，這麼一來才能把所有的精力貫注在今天最重要的事情上。

PART 2

早上1分鐘，養成30個好習慣

人會從「問題」裡找出「行動」，
為了達成行動而產生「計畫」，
當這三點開始連動，就會創造出一個習慣。
接下來的內容會以「問題」、「行動」和「計畫」為主軸，
為各位介紹早上要做的三十個習慣。
這三十個習慣並沒有規定「一定要天天都做」，
抱持輕鬆的心情看下去，
只要有「明天早上可以試試看」的心態，願意嘗試就好。

習慣
1～10

Question

1分鐘的自我提問，打造改變人生的驚人奇蹟

習慣
1

Question
1

「現在的心情如何？」

你是否曾經在早上起床後，問問自己「現在的心情如何？」很多人會回答「自己最了解自己的心情，根本不用問啊」，但其實每個人的腦中充滿了遠比想像中還要多的情緒，無法全部說出口。因此才要自問「現在的心情如何」，從中得到的答案，**代表了當下最主要的真實情緒**。

理解自己的心情後，再來為今天要做的事安排先後順序，如此一來就能採取對今天的自己來說最佳的行事方向。

舉例來說，**如果答案是「不曉得為什麼，剛起床卻覺得好累」，就會產生「今天不要太拚了，早點結束工作，晚上九點上床睡覺」的目標。**

如果不知道自己其實感覺很累，就會跟平常一樣拚，結果變得更累，無法好好工作。沒注意到工作效率低落、還不斷踩油門的話，身心可能都會出問題。

早上起床後，立刻問自己這個問題——「現在的心情如何」，藉此了解當下身心的狀態，就像自己專屬的醫生，溫柔地自問自答。

✦把得出的答案變成問題，找出核心答案！

另外，對因應問題而得出的答案繼續追問下去，也能找到解決的方案。

假設你的答案是「今天早上好像有點心浮氣躁……」，就要繼續追問自己，「為什麼感覺心浮氣躁？」

這麼一來，你就會往自己的內心尋找心浮氣躁的原因。例如「昨天想做的事沒完成」、「被〇〇數落了，情緒很低落」等等，可以明確地找出原因。

然後再繼續自問「那該怎麼做才好」，試試看找出「解決心浮氣躁」的方法。

這時候，便會自然而然地產生解決的想法，「只要能在今天中午前做完就沒問題」、「想了一想後，〇〇總是在生氣，所以不用放在心上也沒關係吧」，心浮氣躁的感覺自然就會煙消雲散。

藉由持續向自己提問，了解真正的心情，還能解決「為什麼會這麼想」的原因。

✦「沒有答案」也是正確答案

有時候，即使反覆地問自己問題，也無法找到解決方案。尤其是人際關係之類的問題，我們不可能知道對方的心情，就算一個人想破頭，也想不出正確解答。

然而，找到那個「沒有答案的答案」也很重要。**就像去看精神科或心理醫生的人，即使無法當場解決問題，也能藉由說出內心悶悶不樂的心情，來解決情緒上的問題。**

為了不讓自己的心生病，早上起床後，立刻了解、掌握自己當下的情緒，調整如何面對一天的步調也很重要。

長大成人後，我們無法輕易說出內心的煩惱，也有很多人認為吐苦水是弱者的行為，透過向自己提問，把煩惱說出來，即使是不敢向他人傾吐的事，也應該可以對自己坦承。

利用早晨這段時間，發洩內心的積鬱，以神清氣爽的心情揭開一天的序幕吧！

習慣
2

Question
2
「希望今天是怎麼樣的一天？」

早上起床後，你是以什麼樣的心情度過呢？

「還想睡」、「真不想去上班」等等，以負面情緒度過的人，想必不在少數吧！

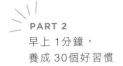

沒錯，早上是一天當中壓力荷爾蒙指數最高的時段，會有這種情緒也是人之常情。

問題是，你也不想總是以鬱悶的狀態度過每個早晨吧？不妨刻意地轉換心情看看。

✦先看到終點，就會自動往目標前進

最簡單的方法，就是自問「希望（今天）是怎麼樣的一天」，接著再想像當今天結束時的自己。

如果答案是「想搞定所有麻煩的工作，神清氣爽地度過」，你的大腦就會往達成這個目標發出指令。這個指令會讓你無意識地往那個方向採取行動，度過理想的一天。

人的天性是一旦被問到問題，為了找出答案，大腦的搜尋機能就會自行展開運作。為了好好地利用大腦的這種功能，必須先確定一天的「終點」在哪裡、是什麼樣子。

而為了找出那個「終點」，問自己「希望（今天）是怎麼樣的一天」則是很有效的方法。

四個設定「一日目標」的加分關鍵

話雖如此，想必也有人不曉得每天早上要設定什麼樣的終點（目標），可以從以下的四個角度來思考。

第一個角度，「希望是什麼樣的『心情』」？

即使完成今天該做的事，結束時的心情也不見得一樣，有人會覺得「啊……終於搞定了！累死我了」，也有人會覺得「萬一出了什麼差錯該怎麼辦……」；重點不是「做什麼」，而是把「希望是什麼樣的『心情』」擺在最前面。

第二個角度，「希望有什麼樣的『成果』」？

這裡所謂的「成果」，並不是得到上司的讚賞或業績很亮眼，而是能不能說服自己，這個部分才是成果。

例如在製作簡報的資料時，先不管別人給予什麼評價，必須要先能說服自己才行。自己能接受的東西，一定也能打動對方，也才會是最好的成果。

第三個角度，「希望得到什麼樣的『喜悅』」？

在前一章曾提到，日本人在工作上花了很多時間，很多人認為「工作就是人生的一切」。

但是想當然耳，工作絕不是人生的一切；為了不忘初衷，了解「有什麼事情可以讓自己感到喜悅」就很重要。能清楚知道自己有什麼期待的人，即使有些辛苦也能順利克服。

舉例來說，只要想到「工作結束後，去籃球場盡情地流汗，消除壓力吧」，就算工作很辛苦，也能湧出加油的力氣；另一方面，忙著照顧孩子的主婦如果有「等孩子睡著，就來看看那本最喜歡的作家寫的書」之類的樂趣，或許就能自然而然地對孩子露出笑容。

好好地認識能讓自己感到喜悅、快樂的事，養成自問自答「希望得到什麼樣的『喜悅』？」的習慣。

第四個角度，「希望能採取什麼樣的『行動』」？

做事的時候，邊在心中抱怨、邊工作，和自然帶著微笑、開心地

希望今天，是怎麼樣的一天？

設定一日結束的目標時，更加具體化的四個重點

希望是什麼樣的心情？

例）想以平靜、溫和的心情結束這一天。

希望有什麼樣的成果？

例）寫出無懈可擊的企畫書。

希望得到什麼樣的喜悅？

例）看喜歡的電影。

希望能採取什麼樣的行動？

例）積極又快樂地前進!!

工作，哪一種比較好呢？

如果滿腦子只有完成任務的念頭，成果通常不會太理想。把注意力放在採取了什麼樣的行動、想抵達什麼樣的終點上，好好思考事情的優先順序，哪些該處理、哪些可以晚一點再做。

習慣
3

Question
3

「對今天有什麼期待？」

如果在某一天有什麼值得期待的事，任誰都能開開心心地起床吧?!問題是，並非每天都有令人期待的事。

忙碌的人多半過著一成不變的生活，不可能每天都找到值得期待的事啦——很多人會這麼想。

不僅如此，每天早上都在煩心事或不安中睜開雙眼的人，應該也不在少數。

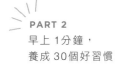

「哪有什麼期待……只有一堆討厭的事在等著我。」也有人這麼想，因此很討厭早上醒來的時候；**如果你也是這樣的人，更應該問自己「對今天有什麼期待？」**

累積了很多壓力，感到身心俱疲的時候，除了轉換心情，再也沒有別的方法能拯救你。

你必須從自己的內心產生期待，用尋寶般的心情找出「期待的事情」，哪怕只有一個也沒關係，這也具有在突發狀況中保護自己的緩衝作用。

✦ 列出「感到開心」的清單

如果不習慣在醒來後找出一天內期待的事情，或許就很難每天都找到讓自己感到喜悅的事。

我們可以從打造自己的「寶物清單」開始練習，讓你能更輕鬆地

找到期待的事；所謂的「寶物清單」，是指能「讓自己開心的清單」，例如──

- 喝咖啡歐蕾
- 看電影
- 跟寵物玩
- 大聲唱歌
- 彈鋼琴
- 睡午覺
- 買衣服
- 在公園裡看書
- 吃新上市的甜點
- 擦鞋
- 網購……等等。

將能讓你稍微覺得開心一點、快樂一點、幸福一點的事物列成清單，當內心充滿負面的情緒時，就從這張清單挑選一件事來做。如果不能無中生有、在醒來後立刻找到今天值得期待的事情，可以從這張喜悅清單中，找出一樣期待的事來做。

「起床後，找出一件期待的事情」——養成這個習慣，足以影響你一天的幹勁，從明天開始試試看吧！

✦每個人一定都有「喜歡做的事」

這張讓自己感到開心的「寶物清單」，對於找不到想做的事或目的、夢想的人也很有用。

舉個例子，如果問正煩惱著未來想創業或兼差、卻不知該做什麼才好的人：「你有什麼專長？」或「你想從事什麼工作？」對方可能也答不上來。

列出一張讓自己感到期待的「喜悅清單」

例）

· 喝咖啡歐蕾

· 和寵物玩……等等。

有些人就是沒有特殊的才藝，也有人想從事跟過去積累的職業生涯無關的工作，所以就算問這種問題，他們也無法回答。說不定反而會讓他們更加迷惘，不曉得該怎麼辦才好。

只不過，任何人都一定會有「喜歡做的事」。

商機可能就藏在這些喜歡做的事裡，因此必須掌握能讓自己感到喜悅或期待的事物。透過列出「寶物清單」，從小事到大事，把所有想得到、讓自己開心的事情都寫下來。

其次，與家人或朋友等推心置腹的人分享「寶物清單」，也是個不錯的辦法。假設朋友寫的是「赤腳在沙灘上散步很幸福」，或許會有新的發現（「我也是耶！」）。

「寶物清單」能帶給你安全感，在痛苦、傷心等情緒不佳的時候，養成看看這張寶物清單的習慣，回想因為這些事情而感到幸福的自己，就能產生積極正向的心情。

習慣
4

Question
4

「爲了朝願望／夢想更近一步，今天該做些什麼？」

我們的人生是由一天一天日積月累而成，從平常就意識到「今天一天，會影響到我的人生」這一點，就顯得格外重要。

你想過什麼樣的人生呢？

問一百個人，大概會得到一百種答案吧⁉

但無論是什麼樣的答案，唯有朝著那個方向走，才能得到你要的目標，從平時就要認清自己正朝著哪個方向前進。

為了不要忘記這個大前提，請在起床後的這段時間問自己：「為了接近想實現的願望，今天能做些什麼？」

人類習慣立即處理緊急的事，卻把重要的事留到後面再來處理。人生在世，重要的並不是緊急的事，而是重要的事。基於以上的原因，這個問題很有效。

早上起床後，通常沒有餘力立刻思考人生的目的或夢想，意識會先飄到當天該做的事。但今天能不能朝偉大的夢想跨出一小步，將在一個月後、一年後、十年後產生非常大的差距。

為了意識到這點，試著把起床後自問這個問題養成習慣吧！

✦「工作」與「人生」，分別有什麼願望？

可以從「工作」與「人生」這兩個角度來思考，這輩子想實現的願望。就算功成名就，也不表示私人生活同樣也過著幸福滿足，名留青史的名人當中，也有很多終其一生都很孤獨的人。

重點在於要將「工作」與「人生」分開來思考，各自擁有各自的目標。舉例來說——

・工作：等副業的年收入超過一千萬圓之後，就要離開現在這家公司。

・人生：等子女們大學畢業，就移民到澳洲居住。

像這樣分成兩個目標，盡量設定得具體一點，每天一步一腳印地朝目標前進，將成為實現目標的強大動力。

以上班族為例，每個人應該都有「雖然不急，但近期內一定得完成的要事」。

假設你的任務是「在下個月底前，要完成新企畫的簡報資料」，從一個月前就開始意識到這件事，和要交出資料的前一天才意識到這件事，完成度應該截然不同。

倘若從一個月前就開始記掛著這件事，如同 **Question 2** 所說，大腦會自動開啟搜尋機能，蒐集製作簡報需要的資料。如果遲早必須完成什麼重要的事，在完成之前，必須時時提醒自己。

當天的工作固然重要，但行有餘力的話，不妨也留意不久後的將來必須要做的事。這時候，「為了接近想實現的願望（目標），今天能做些什麼？」的問題就很有幫助了。

度過每一天的同時，也別忘了你未來的夢想、目的和任務。

習慣 5

Question 5

「什麼是今天一定要做的事？」

「什麼是今天一定要做的事？」這個問題是為了讓自己釐清，什麼是今天該做的事項裡最重要、優先順位最高的。

如果能回答這個問題，就表示該做的事很清楚，分得出什麼是不做也沒關係的事，能將精力傾注在重要的事情上。

但我很意外的是，許多人都認為「今天是昨天的延續」，沒有轉換好心情，沒把今天當成全新的起點。如果每天搭乘同一班電車，去同一家公司，見同一群人，做同樣的工作，會這麼想也在所難免。

要覺得現在的生活「很無聊」還是「很有趣」，全都取決於你，**只要能一刀俐落地切開昨天與今天，告訴自己「想把今天過成快樂的一天」並採取行動，這個願望一定能實現。**

忙碌的現代人通常有許多該做的事，很多人光是要完成眼前的工作就忙得焦頭爛額。問題是，人的專注力再久也只能維持二十五到三十分鐘，早上九點到下午五點的這段期間，不可能全程維持高度的專注力工作。

儘管如此，相信大家都還是會努力到最後的一分一秒。不過，想也知道績效不彰，工作效率一落千丈。

工作效率一旦低落，就無法做出令人滿意的成果；如果一直做不出令人滿意的成果，就會懷疑自己。一旦開始懷疑自己，就會喪失自信……這種惡性循環會進一步打擊你的士氣。

為了避免陷入這種惡性循環，必須了解什麼是應該最優先處理的任務，因此「什麼是今天一定要做的事？」這個問題，就顯得格外重要。

✦與其有五個五十分，不如有一個一百二十分

人一旦把精力都花在最重要的事情上，即使其他的事做不好，也不至於產生罪惡感。

做了五件事、但各都只有五十分，和只做了一件事、但能做到一百二十分的人，站在公司的立場，應該會給後者較高的評價。

工作重質不重量，就算只有一件事也好，請做到一百二十分，這有助於提升你在公司的評價與自己的工作士氣。

就算不是工作好了，比方說打掃家裡、做日常的家務時，不要漫無目的地打掃，而是要求自己某個特定目標，「今天要把換氣扇擦得亮晶晶」，注意力及幹勁、結束時的成就感都會不一樣。

由此可見，重點在於搞清楚什麼是「今天一定要做的事」。

早晨醒來後的時間，是全新一天的起點，而不是昨天的延續，只有掌握到這個重點的人，才能取得通往「全新自己」的單程車票；只要跳上那班車，列車就會自動將你帶到夢想的目的地。

因此，必須把重點放在如何在今天留下一百二十分的「作品」，哪怕只有一項也好。利用這個問題，來好好認識到這一點。

習慣
6

Question
6

「誰是你最重要的人？」

面對「誰是你最重要的人？」這個問題，大部分的人都會回答「子女」、「家人」、「父母」、「朋友」、「伴侶」或「寵物」等等。

然而等聽到回答後，再問對方一次，「對你而言，『真正』重要的人是誰？」幾乎所有人都會回答「那應該還是自己吧？」

也就是說，大家最重視的還是自己。

這是我身為一個引導式提問的專家，在各式各樣的場合感到印象最深刻、也最有趣的問題；只要多問幾次，絕大多數的人都會回答「自己」。

當大部分的人都明白「自己最重要」後，我會再接著問：「你跟你認為最重要的人（自己），花多少時間相處？」

這麼一來，大家都會驚訝地反問：「什麼意思？我隨時都跟自己在一起啊……」

於是，我又緊接著拋出下一個問題：

「那麼現在就請各位拿出行事曆，有幾場『跟自己的約會』？不覺得都不肯撥出時間來跟最『重要的人』相處，是一件很奇怪的事嗎？」

如此一來大家就明白了，「也對，確實有必要抽時間好好地珍惜自己。」

✦留出時間，單純做「自己喜歡的事情」

「珍惜自己的時間」，並不是要大家去「學什麼東西」或「面對自己，解決問題」，而是讓自己擁有「做自己」的時間，這才是所謂的珍惜自己。

像是帶狗散步、賞楓、買東西、上美容院等等，**養成刻意在行事曆裡留下讓自己處於放鬆狀態的時間**。

實際上，很多人都不會把這種「珍惜自己」的時間寫進行事曆，因此代辦事項裡寫滿了工作的行程和與朋友的約會。

好比說，想必很多人都有過像是「好久沒釣魚了，這個月好想請特休去釣魚啊」的念頭，卻被眼前的行程追著跑，結果最後還是沒去成的經驗。

之所以去不成，就是因為沒跟自己約好！也因此才要在記事本裡寫下與自己的約會行程。這麼一來，在安排要討論工作或跟某人見面時，就不會跟自己的約會撞期了。

✦ 別等「有空」才留給自己

比起工作上的行程，我更重視與自己的約會；因為我知道，與自己約會將有助於工作表現。

很多人都以為「空閒的時間＝自己的時間」，但這是錯誤的想法，對忙碌的現代人而言，說是根本沒有所謂空閒的時間也不為過。

就算跟朋友說好「等忙到一段落再約」，問題是，你的生活中真的有「忙到一段落的時間」嗎？除非刻意空出時間，否則「忙到告一段落的時間」應該不存在。

聽到這裡，各位應該都能理解要擠出自己的時間有多難了。為了不要忘記自我，一定要跟自己約會；別被忙碌的時間推著走，請養成在行事曆裡空出時間與自己約會的習慣。

如前所述，早晨是很容易情緒低落的時段，因此才需要特別記下「與自己的約會」，好讓自己打起精神來。

從檢查一天行程的角度來說，早晨也是經常要翻開記事本的時間；這時候，只要想像行事曆中已經安排好了與自己約會（珍惜自己）的時間，就能產生源源不絕的動力，足以克服繁瑣的工作與麻煩的人際關係。

然而，也有人只想專心工作，甚至不惜犧牲自己的時間。對這些人而言，工作是他們最想做的事，因此不需要刻意留出讓自己放鬆的時間；工作對這類人來說並不是苦差事，而是根本樂在其中。

習慣
7

Question
7
「今天想感謝誰？」

現在是個充滿壓力的社會，人人都扛著不同的壓力過日子。我自己有時也會在一覺醒來時覺得「今天好焦慮啊」，感覺靜不下心來。

但起床後的時間，也是決定一天要以什麼心情度過的重要時光，如果每天都心浮氣躁地度過，這輩子都會過得心浮氣躁。

因此，要自問 Question 1 的「現在的心情如何？」找出解決的方法。

話雖如此，有時候心浮氣躁的感覺怎麼也壓不下來；在這種時候，有個問題能立刻消除心浮氣躁的感覺。

那就是「今天想要感謝誰？」

每個人心浮氣躁的原因都不一樣，無論是什麼原因，共通點就是「沒有心存感激」。

如果是對沒做家事的另一半感到心浮氣躁，可能是因為忘了要感謝對方。如果能換個角度看待，例如「為了家人努力工作／打點家中瑣事，所以可能沒力氣再幫忙做家事了」，或許心浮氣躁的感覺自然就會消失了。

另外，如果是對與工作有關的事情感到心浮氣躁，不妨換個角度想，「能夠以健康的身體工作，這件事本身就值得感激」，心浮氣躁的感覺自然就會消失，湧出感謝的心情。

換句話說，如果覺得心浮氣躁，可能是「忘了感恩」的訊號。

✦不用採取具體的行動，有那份心意就行了

但是偶爾也會發生「誰要感謝討厭的人／可恨的傢伙啊！」的情況，這時不要勉強自己，就換個感謝對象。

如果無論如何都無法感謝恨之入骨的上司，就感謝總是協助自己工作的同事；**只要產生想表達「謝意」的心情，心浮氣躁的感覺就會消失，非常不可思議**。

為了找到感謝的對象，必須問自己「今天想感謝誰？」

雖說要心存感激，但也不一定要送禮或說「謝謝你」這種物質或具體的行動。以今天在工作上見到的人為例，光是回想與那個人相遇的緣分，例如「多虧□□介紹我們認識，才能像這樣與○○共事，感謝□□」，就能產生感謝的心情。

為了打消一起床就心浮氣躁的感覺，換成穩定的心情，試著找出今天想感謝的人看看。利用醒來後短短的時間，問自己「今天想感謝誰？」，讓心存感激的情緒成為一天的起點。

專注於「感謝」的話，就不會看到那些討人厭的事，應該能充分感受到心情平靜下來了。養成找一個對象來感謝的習慣，應該能感受到和過去截然不同的風景。

習慣
8

Question 8

「今天想讓誰高興？」

在我的講座上，一開始為了調整好大家的心態，我會問學員：「你能做什麼來讓眼前這個人感到高興？」

至於我為什麼要在調整心態的時候提出這個問題，是因為許多的研究已經證明，取悅別人比被別人取悅更幸福，這個問題是為了了解「什麼是可以讓自己感到幸福的手段」。

✦「付出」所能得到的神奇回饋

根據英國的研究小組發表於二〇一七年的黑猩猩調查，黑猩猩平常不會分享食物，但偶爾還是會把自己的食物分給別的黑猩猩。研究人員看準這個時機，對剛分享完食物的黑猩猩體內展開調查，發現名為「愛情荷爾蒙」的催產素的份量增加了。

不只黑猩猩，人類似乎也有這種傾向。

舉例來說，請試著想像你在電車上讓座給別人的情況。當你讓座給對方，對方笑著說「謝謝」的時候，你是什麼心情？應該會比別人讓座給你時覺得更滿足、更幸福吧？

另外，當我們感到疲憊或想受到撫慰時，很多人都會去按摩。也有調查結果顯示，比起被按摩的人，按摩師會分泌出更多催產素，這可能是因為按摩師都懷著「希望對方高興」這種為對方著想的心情。

也就是說，如果你想得到幸福，先要對別人好一點。問問自己，「今天想讓誰感到高興呢？」

不是花錢就能取悅對方，最好是在不花錢之下讓對方開心；像是傳訊息給好久不見的朋友、試著給另一半不用花錢的小驚喜等等，即使是微不足道的小事也沒關係。

看在對方眼中，「想到自己」的貼心比什麼都值得高興。

✦用「事先計畫」，延長自己感到幸福的時間

如果「讓對方感到高興」可以讓自己幸福，那麼進一步想想，如果時時保持在「要取悅別人」的心情，其實就是讓自己一直處於感到幸福的狀態。

例如，想著「為另一半一個月後的生日，舉辦一個驚喜派對吧」，從現在就開始計畫的話，這整個月都能沉浸在幸福的氣氛裡。

除此之外，如果是一個月後要去旅行，也有人在出發前的這段期間都覺得很幸福吧！

還有人說「出發前是旅行最快樂的時光」，正因為旅行意味著未來一定會有一段開心的時光，在那之前都會覺得很幸福。

不管是為了自己、還是為了別人，時時保持取悅對方的心情，有助於維持每天的幹勁，更何況讓他人感到高興並沒有損失。

如果每天都能做一件取悅別人的事，之於你和對方都能產生更良好的溝通。再說了，你想取悅的對象，應該都是自己很重視的人。

為了搞清楚喜歡誰、重視誰，利用起床後的這段時間問自己，「今天想讓誰感到開心？」只要養成習慣，就能在心愛的人包圍下，每天都過得很幸福。

習慣
9

Question
9

「這樣真的好嗎？」

無論AI（人工智慧）再進步，有些事情始終只有人才做得到，那就是「靠自己想出充滿創造力的點子，並付諸實行」。

我之所以繼續演講的理由，是基於「想增加能自己思考、自己找出答案、採取行動的人」的想法，在接下來的時代，活出自我風格將有助於創造自己的價值。

因此我相信，引導出更多懂得自問、了解自己、自我思考、採取主動的人，是最正確的作法。

此外，「適應環境」也是只有人類才有的特性。好比剛進公司時，任誰上班的時候都會緊張；可是只要過幾個月，人就會逐漸適應，最終找到自己的容身處。

由此可見，人類是無論置身於什麼環境，都能隨時間逐漸適應的生物。

起初可能分不清東南西北，漸漸地開始知道自己該做什麼，理所當然地完成各項事務，也是人類的長處。

✦別讓工作和人際，進入不用動腦的「舒適圈」

只不過，當一直處於「適應」的狀態，就會開始進入輕鬆的舒適圈內；**一旦沒有緊張感，就會不假思索地慣性作業，導致思考停止，**

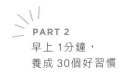

這麼一來就無法發揮身為人類的特性。

什麼都不想就能做的工作，遲早會趨於公式化，再過十幾年就會被AI取代。零售店的收銀員等服務業是經常舉例會被AI取代的工作，假設你在便利商店打工，當你學會收銀及盤點、應付客人等一切的業務時，大概不用動腦就能工作。

說不定真的有很多人回答，「確實什麼都沒在想」，這麼一來，工作確實有很大的可能性被AI取代。

不只工作，人際關係也是。習慣彼此的關係後，就容易忽視對方的變化。為了避免這種狀況，重點在於溝通時要隨時保持嶄新的心情。

✦對習以為常的生活產生疑問

如同我開宗明義說的，人類是能思考、行動的生物。為了善用這個優秀的特徵，平常就要刻意對你認為理所當然的事心存懷疑。

「總是做一樣的事，好無聊。」

「就沒有什麼有趣的事嗎？」

「我膩了現在的工作……」

有這些想法的人，請對自己做的事產生懷疑——「這樣真的好嗎？」

如果是不用思考就能做好的簡報和提案，請先停下手邊的工作，試著思考「這真的是最好的方案嗎？」

如此一來，或許能從新的角度切入，產生以前從未想過的嶄新創意、製作出比過去更好的簡報（或提案）。

日常生活中也是相同的道理，即使是車站前的風景，只要改變想法，就會產生許多的疑問。

「這條路通到哪裡？」

「經常看到這家店，但這家店到底賣什麼？」

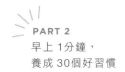

「經常看到的這種花，是叫什麼名字？」

產生諸如此類的疑問，將成為你增加知識、拓展可能性的好機會。請有意識地對總是習以為常的事產生疑問，重新審視自己已經習慣的日常，會有煥然一新的心情。

習慣
10

Question
10

「假如今天是生命的最後一天？」

每個人的下意識都以為，自己或家人、重要的人，在明天後、一個月後、一年後還活著。但世界上多的是因為意外或災害突然身亡的事件，這些人當然也沒想過自己會突然就離開人世。

✦提醒自己珍惜「現在」

從這個角度來思考，就能深刻地感受到現在這個自以為理所當然的瞬間，其實是很珍貴、很重要的時間。

我自己也是，隨著年齡增長後，有愈來愈多人是這輩子可能再也見不到了。這或許是一件無可奈何的事，想到再也見不到的這些人，就會明白生離死別總是在意想不到的時刻突然到來。

因此人生在世，每天都要活得無怨無悔。

為了記住這一點，試著問自己「假如今天是最後一天？」就顯得格外重要。

這個問題並不是讓人產生「悲愴」、「傷感」等等的負面情緒，想當然耳「這或許是最後一面」也只是一種假設，**這個問題是要各位比較看看，今晚一定能見到對方的心情與或許再也見不到對方的心情，想像如果今後再也見不到對方，要怎麼與對方相處。**

不用每天，只要每週問自己一次這個問題就行了。這麼一來應該能更深刻地感受到對對方的思念與感謝，以及「現在」這個瞬間的幸福。

首先，摯愛的家人出門時，請假設「假如這是我們交談的最後一句話」，肯定會湧上與平常不同的感情。

平常只說「路上小心」的你，可能會說「注意車子」、「下班後我去車站接你」，或許還會情不自禁地抱緊對方也說不定。

對方可能會覺得「發生什麼事了？」但如果以一個禮拜頂多一次的頻率說出這句話，對方應該也會覺得很高興，留下深刻的印象。

在意識到終點的情況下前進

人類一旦意識到終點，就會想起已經遺忘的情緒。自問「假如今天是最後一天？」無非是為了讓你想起，對此時此刻陪在身邊的人事物那股感謝的心情。

心血來潮也沒關係，面對彷彿生來註定就要在一起的家人及朋友、工作伙伴時，不妨想像「假如這是最後一次見到這個人」；倘若湧出跟平常不一樣的情緒，應該會發現這種情緒其實是來自於對對方的感謝。

另一方面，假如你現在正處於痛苦的環境，想像「假如今天是最後一天？」也能讓心情稍微輕鬆一點。

只要能覺得「假如今天是最後一天，那就再努力一天看看吧」，就能從目前的狀態一步一步地往前走。

假如今天真的是人類的最後一天，你會想到什麼？

「什麼是我真正重視的東西？」

「誰是一直支持我的人？」

應該會想和那些人一起度過吧！

「假如今天是最後一天？」是為了讓你意識到現在的幸福，威力堪比原子彈的問題。

PART 2

早上1分鐘，養成30個好習慣

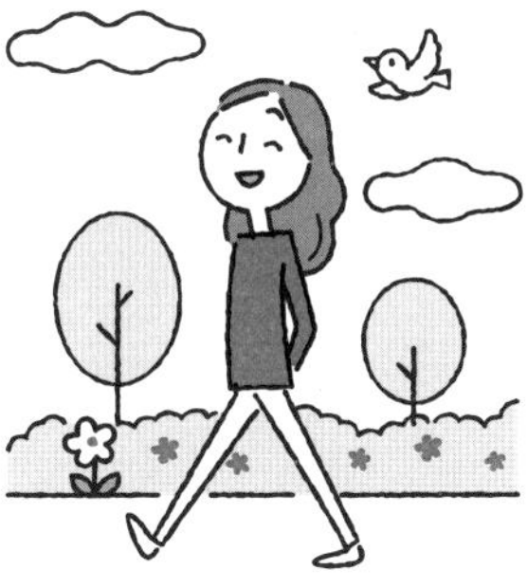

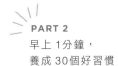

習慣
11～20

Action

看似微不足道的行動，讓每天的充實程度產生劇烈的變化

習慣
11

Action
1
試著早上只花一分鐘「輸入」

商管書或潛能開發的書都寫著「輸出（output）有助於自我成長」，輸出確實很重要，透過寫下自己內心所想，可以有效地整理腦中的思緒。

從二〇〇四年起，我每天都撰寫電子報，持續寫了十年左右，「寫作」正是不折不扣的輸出。

然而，我雖然持續輸出了十年，但中間也有好幾次陷入無法輸出的狀態。

這時我重新體會到一個重點，**「輸出必須建立在輸入上」**。當我陷入江郎才盡、沒有東西可以輸出的狀態時，決定先看書再說。當時我住在山形，每個月要去東京出差幾次，每次都在車站買四、五本書，利用搭新幹線移動的那三個小時來閱讀。

當然，三個小時不可能把五本書都看得深入又仔細。先看「前言」和「目錄」，再一面翻閱一面尋找本文的關鍵字，自然就能理解那本書想要表達的重點。

買書時，我也刻意選擇自己不感興趣的領域，這是為了了解以前沒有興趣、為了要得到意想不到的發現與新的思考方向，利用「閱讀」有意識地輸入；在反覆追求新知的過程中，慢慢地又開始覺得「想輸出」了。

✦起床後的「輸入」，挑選從未接觸過的主題

就算只有一分鐘也無妨，希望大家也能利用早上的時間有意識地透過閱讀來輸入一些東西。

光是在起床後「輸入」，就能讓你在工作或人際關係上都覺得異常充實，「試著在今天的會議提出這本書裡寫到的內容看看」等等；輸入能帶來意想不到的感動，讓你的內心世界更加豐富。

如果要你試著想像去羅浮宮美術館，你應該會事先蒐集與羅浮宮美術館有關的資訊吧？實際抵達羅浮宮美術館之後，再比對自己知道的資訊是否正確，這種先查資料的行為也是一種「輸入」。

但是比起輸入，此舉更著重「確認」，會減少感動的程度。

我去旅行的時候，都不會擬訂明確的行程計畫，而是在當地開車經過時，如果覺得「啊，這家店看起來好像不錯」，就直接走進去看看，經常會有意料之外的美好相遇。

超乎想像、意料之外的體驗，才是真正的輸入。也就是說，使用

早上一分鐘輸入時，如果看的書是以前從未接觸過的主題，更能拓寬人生的視野。

✦隨時準備發現新事物

受到 Covid-19 疫情的影響，大概也有很多人無法去旅行，不妨改成主動地聽聽別人的對話。

如果是業務員，可以請教最近認識的客戶；如果有機會加入社群，也可以問主動問問其中的朋友是否有什麼興趣。

如果你日常生活中或多或少覺得「想聽這個人說話」、「對這個內容感興趣」，請不要忽略這種心情，不妨大膽地主動出擊。

誠實面對自己內心深處湧出的直覺，從中獲取資訊，才稱得上是真正有意義的輸入。

為了不要忘記這種主動的心情，也要養成問自己「現在對什麼感興趣」的習慣，倘若能說出明確的答案，證明你已經準備好進行有效的輸入了。

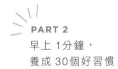

習慣 12

Action 2

寫下自己的心情，唸出聲音來

這個行動是由 Question 1 的問題「現在的心情如何？」所衍生出來的。

每個人每天的心情都不一樣，如果當天有開心的行程，可能鬧鐘還沒響就醒了；如果那天有令人心情沉重的行程，可能死都不想離開被窩。

大多數人都在不清楚自己的心情之下，被迫揭開一天的序幕。

「今天好像沒什麼動力呢」、「總覺得好鬱悶啊」……只是有這樣的感覺，卻不去探究背後的原因。你或許也曾經在沒什麼動力的情況下去上班，然後精神委靡地工作、回家吧？

✦把現在的心情和解決的方法說出來

但是這種生活過久了，將逐漸體會不到活著的感覺。想讓每一天過得充實、幸福、有別以往，必須在早晨、也就是一天的起點，知道自己是什麼心情，配合自己的心情設定「終點」。

光用想的無法了解自己的心情，思考是肉眼看不見的東西，很難客觀地審視自己。先用筆記本或手機的便條紙功能寫下現在的想法，光是寫成看得見的文字，人就能客觀地審視自己，做出冷靜的判斷。

不僅如此，為了深入地了解自己，再加上出聲詢問、出聲回答。

請想像問問題的自己與回答問題的自己是兩個人，邊問問題邊吐露目前真實的想法或煩惱、不安，如此一來就能找到新的思路。舉例來說——

「現在的心情如何？」↓「總覺得莫名地慌亂」

「你認為要怎麼冷靜下來？」↓「深呼吸就能冷靜下來吧」

這時的重點在於寫下解決方案，唸出聲音來。起初可能會覺得很困難，但藉由反覆與自己對話，就能培養問問題的能力，更容易找出答案。

如果重複三到四個回合還是答不出來，不妨就此打住。如同我在 **Question 1** 也說過，「沒有答案」也是一種答案；最後再發出聲音來唸一遍，這麼一來就能牢牢地輸入大腦，看見更深層的自己。

✦ 隨時提醒自己要保持中立的平常心

問自己問題以調整心態的行為，稱為「回到中立的位置」；愈是心煩意亂、滿腦子不安的時候，愈要與自己對話，找回自己的平常心。

即使在職場上，隨時保持中立的狀態亦有助於提升你的工作表現。請想像自己現在正站在跑百米的起點。為了用最快的速度起跑，也不能用力過猛，用力過猛只會讓你無法旗開得勝。

放鬆、有餘裕又不失衝勁，是一個人能表現得最好的狀態。

利用早上這段時間調整好心態，以最標準的姿勢「起跑」，讓當天的行動產生變化，提升一天的充實度；在紙上寫下能讓自己回到中立位置的問題，並且唸出聲音來，能讓你更了解目前的心態，進而調整好自己。

習慣
13

Action
3

仔細地端詳自己的臉

你在早上起床後，會好好地端詳自己的臉嗎？聽到這個問題，應該會有很多人回答「早上兵荒馬亂，才沒時間慢慢地端詳自己的臉」。

如果是習慣帶妝出門的人，化妝時會仔細端詳自己的臉，但若沒有這個習慣，多半只有在洗臉、梳頭髮的時候匆匆一瞥。明天早上刻意仔細觀察自己的臉，應該會發現那天的「能量值」都已經一五一十地表現在臉上。

從早上的表情，看出自己今天的「能量值」

起床後的這段時間，是決定今天一天要怎麼過的重要時光，如果不曉得自己的能量值，像是跑全馬似地衝向終點，想當然耳不可能交出漂亮的成績單。因此請仔細端詳自己起床後的臉，好好地掌握當下的心理及身體的狀態。

有化妝習慣的人，會更擅長觀察自己的臉，在化妝時會順便從皮膚的狀態察覺身體的狀態，像是「今天的膚質好差啊，大概是太累了」、「有黑眼圈，是因為睡眠不足嗎」等等。

相反的，沒有化妝習慣的人，應該很少會想到要「檢查皮膚的狀態」。

養成習慣觀察自己的臉色，就能比較昨天和今天的狀態。例如感覺「今天的臉色好暗沉啊，可能是昨天喝太多酒了」，就能配合自己的狀況設定當天的目標，像是「今天要盡量多喝水，就不要加班／安排其他活動，早點回家休息吧」。

換句話說，為了度過完美的一天，在起床後仔細地端詳自己的臉、掌握當天的能量值，是一天開始時不可或缺的必須事項。

實在不好意思大聲張揚，我真的不懂怎麼好好挑選當天要穿的衣服，就算選好了，妻子也會有意見，「如果要穿這條褲子，配這件上衣比較合適吧？」、「今天有研討會，要不要穿西裝？」久而久之，便養成由妻子幫我挑衣服的習慣。

有天早上和妻子站在全身鏡前，決定要穿什麼衣服時，發現妻子挑選衣服的根據，是依照我的臉色及狀態。

「今天的臉色不太好看，穿點比較有精神的顏色吧！」

「最近太忙了，情緒繃得太緊。放輕鬆，選個比較溫和的色系及材質。」

會像這樣，以上述這種方式幫我搭配。妻子似乎是無意識地這麼做，這時我才發現，早上端詳自己的臉有多重要。

有道理，臉色疲憊的時候如果再穿上深色的衣服，臉色看起來只會更疲憊，換件淺色的衣服，表情看起來會比較明亮，心情也會變得比較有活力。

✦問自己「現在是什麼表情？」

即使再忙，早上也要養成習慣、仔細端詳自己的臉。很多人儘管自以為心情很有活力，卻沒發現內心其實已經累積了許多疲憊與壓力。

但，早上剛起床時所呈現出的臉，是不會騙人的。

也可以觀察鏡中的臉，自問「現在的臉色如何？」這麼一來，為了找出答案，你應該會更仔細地凝視自己的臉。

每天的目標，是與人生目標相連的第一步，為了不偏不倚地踏出這一步，得先好好了解自己的狀態才是。

習慣
14

Action 4

拉開窗簾，沐浴晨光

大約從三年前開始，我養成習慣，每天早上做點簡單的運動。如果住在海邊，我就去游泳，天氣太冷的話就換成散步，讓身體動上二十到三十分鐘。

我一直視早起為苦差事，但是用力地拉開寢室的窗簾、讓全身沐浴在陽光下，就能神清氣爽地醒來。叫我起床的不是鬧鐘，說是晨光也不為過。

各式各樣的研究也都指出，曬曬早上的太陽有很多好處，不只能調整生理時鐘，由副交感神經順利地切換到交感神經，最重要的好處是會分泌又稱「幸福荷爾蒙」的血清素。

早上是一天當中壓力荷爾蒙「皮質醇」指數最高的時段，增加血清素能有效地降低皮質醇的數值。

換言之，如果想抱著幸福的心情揭開一天的序幕，就要沐浴在晨光下，這是取悅自己最簡單也最有效的方法。

有人整天都拉上窗簾，這麼一來身體不知道天亮了，自律神經也無法順利地切換。請養成起床後立刻拉開窗簾的習慣，應該能充分地感受到身體活化，心情也會變得開朗。

我做完簡單的運動後，會先沖個澡，再寫（PART 3 會介紹的）當天的「提問筆記」。以前起床的第一件事是先寫筆記，但我發現做完簡單的運動、洗個澡再開始寫，反而能寫得更好更快，這也證明晨光及運動能活化大腦。

領悟到這點後，我養成運動→沖澡→寫筆記的習慣。

正在閱讀這本書的各位讀者中，想必也有視早起為苦差事的，更應該在起床後主動沐浴在晨光下並做點運動，養成科學上已經獲得證實的好習慣，重新審視自己的生活。

✦不想吃的話，也可以省略早餐

就我個人來說，我不吃早餐（固體的食物）。喝完溫開水，讓胃暖和起來後，會與今天的身體對話，喝點熱飲或蜂蜜。我從十歲左右就沒有吃早餐，這習慣應該會持續一輩子。

不吃早餐這件事似乎褒貶不一，有人認為「早餐是一天的能量來源，不能不吃，一定要吃早餐」，也有人認為「日本人吃得太多了，一天兩餐就夠了」，所以我也不曉得哪種說法才是對的。

正因為這是個資訊化的社會，才會產生「什麼才是對的？」的疑問，這時請培養靠自我思考的能力。以我為例，不吃早餐反而比較舒服，這是從十歲起就用自己的身體實驗得到的結果，因此選擇不吃。

要從琳琅滿目的訊息中做選擇的時候，請養成以「適不適合自己」做為判斷標準的習慣。這也是避免迷失在五花八門的訊息中，活得更像自己的訣竅。

習慣
15

Action
5

醒來後，先感受一下全身的狀態

除非驚覺「有很重要的約會卻睡過頭了！」否則很少人會一股作氣地從床上跳起來。

我自己也是這樣，醒來之後還躺在床上，藉此確認自己的身體處於何種狀態。就像用意識對全身做ＣＴ斷層掃描，慢慢地讓意識從頭巡到腳，傾聽身體的聲音。

✦除了情緒，身體狀況也是優先確認事項

把注意力集中在身體的每個部位，就能聽見身體的聲音，像是「左膝有點痛」或「脖子很緊」。**意識到這些問題後，就能採取因應的行動或方案**，例如「左膝有點痛，所以今天不要穿皮鞋，改穿不會對膝蓋造成負擔的球鞋出門」、「為了消除脖子緊繃，趁早預約按摩」。

很多人起床後，都忽略身體的聲音，直接展開一天的行程。就算覺得不太舒服，也會下意識地告訴自己「待會兒就好了」，照平常的方式過活。

然而，**不管身體的變化，繼續採取跟平常一樣的行動，症狀會愈來愈嚴重**，有時候到了下午或晚上就會覺得很痛，忽視身體的不適，可能會讓出問題的地方繼續惡化。

起床後花點時間，「掃描」身體的狀況，覺察身體的變化並及早因應和處理。

話雖如此，我早上起床時偶爾會頭痛。不曉得確切的原因，只是一旦覺得頭痛，就會比平常更注意深呼吸，或是喝些營養補充品。如此一來頭痛就會消失，能以神清氣爽的心情揭開一天的序幕。

不只早晨，晚上睡前或午睡等躺下來的時候，我都會盡量傾聽身體的聲音。

✦不舒服的感覺，千萬別「忍忍就好」

我稱傾聽身體的聲音為「身體掃描」，只要養成習慣，就能預測身體的異狀，像是「再以這個姿勢繼續工作下去的話，幾個小時後就會開始腰痛了」、「指尖好冷，得快點讓身體暖和起來，不然可能會感冒」等等。

我已經養成這種掃描身體的習慣，所以晚上差不多就會知道「有預感明天早上會頭痛……」，萬一有這種預感，就要多做幾次深呼吸，或是點一些具有放鬆效果的薰香來預防。一旦養成傾聽身體聲音的習慣，也會自然而然地學會該怎麼因應。

如果感到慢性的肩膀痠痛，可以養成每週按摩一次的習慣，或是主動查資料，研究平常可以做哪些伸展操來預防肩膀痠痛。這才是真正地慰勞自己。

如果是每天早上都手忙腳亂的人，醒來後請馬上問自己「身體現在處於什麼狀態？」為了回答這個問題，意識應該就會關照到身體，自然採取慰勞身體的行動。

身體如果不舒服，什麼都做不好。只有自己能注意到自己身體的異狀，就算是家人或伴侶，也無法代替你注意到身體上的疼痛或有什麼變化。

隨時留意自己的身體狀況，養成從起床後就自我檢查的習慣，為順利、充實的一天開啟序幕。

習慣
16

Action
6

進行一分鐘的「提問冥想」

自從兩年多前體驗過「坐禪」之後，就深深地被吸引，現在都會定期地坐禪。雖說是坐禪，也只是閉上雙眼，靜靜地坐著。

坐禪是一種佛教的修行方法，意指端正坐姿，集中精神，面對自己。最近也有體驗坐禪的活動，可見不分男女老幼，大家都喜歡坐禪。

冥想與坐禪一樣熱門，現在有很多全球知名的成功人士，都在生活中加入冥想，儼然蔚為流行。或許有些讀者們已經有過冥想的經驗，但是會持續定期冥想的人應該還不多見。

冥想的方法琳琅滿目，閉上雙眼，告訴自己「讓大腦進入『無』的狀態」、「讓精神集中於額頭的脈輪」等等，是最常見的作法。

實際體驗過冥想的人當中，不少人都會陷入「就算要求自己讓腦中一片空白，反而會產生更多雜念，無法專心冥想」的困惑。

✦不是清空思緒，而是集中思緒的「提問冥想」

以前在京都體驗冥想時，帶我們冥想的住持用英文說明，所以我其實無法完全理解他的意思。但那樣似乎更適合我，比在日文的語境下冥想更容易集中精神。

當時我並不是讓腦中一片空白，而是把精神集中在一件事情上，反而消除了雜念。於是我自創出了「提問冥想」，這是重複提出同一個問題的冥想法。

藉由反覆問自己問題，消除腦中的雜念，得以與自己對峙，是一種新的冥想法。這種冥想法不需要腦袋淨空思緒，任何人都能輕鬆地進入狀況。

進行「提問冥想」時，不妨以「這時想得到的東西」做為反覆問自己的問題。例如感到「最近好像有點失去方向」時，可以不斷地問自己「該怎麼做才能活出自我？」

這時要注意一點，**那就是不能勉強自己找出答案，只要反覆詢問自己，在內心深處喃喃自語即可**。如此一來，就會漸漸地發現自己開始無意識地展開找回自我的行動了，非常不可思議。

人的腦只要專注於某件事，就可以不用想別的事；藉由提問冥想來消除腦中的雜念，就會產生新的靈感。

早上覺得心情有些不知所措、手忙腳亂的時候，我會開始提問冥想，只要一分鐘就能整理好思緒，找回冷靜的心情。

✦ 結合呼吸，盡可能慢慢地吐氣

在進行提問冥想時，希望各位同時結合「呼吸」。

最近有很多五花八門的呼吸法，例如「四秒吸氣，四秒憋氣，再花八秒吐氣」或「進行六秒鐘的腹式呼吸」，作法琳琅滿目，導致很多人根本不曉得該採取哪一種呼吸法才好。

既然如此，不妨一面進行提問冥想，一面集中精神慢慢地吐氣。因為要吐氣，人會自動自發地吸氣。

如果有「吸幾秒、吐幾秒」的規定，意識就會被計算時間帶走，但只要吐氣的話很簡單，任何人都辦得到。

早上如果覺得心情有點浮躁，不妨花一分鐘進行提問冥想，呼吸時集中精神在吐氣上即可，應該會感覺時間變得有餘裕，不再這麼手忙腳亂了。

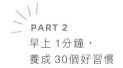

習慣
17

Action
7

「自我肯定」的練習

日本人很重視文字，有人會在紙上寫下目標或心願，貼在房間裡；有人會把印有喜歡的某句話的圖片設成手機的待機畫面，也是因為相信文字的力量。

我自己也曾被文字的力量拯救過好幾次，基於過去無數次的經驗，相信文字是無窮無盡的能量來源。

用文字和聲音，自我植入理想的目標

現在為了將文字的力量發揮到淋漓盡致，我已經養成習慣，在紙上寫下「自己想成為的樣子」，再利用出門散步前或放鬆時看這段文字。舉例如下：

「早上起床，吸收自然的能量，我今天也能發揮創意，創造出美好的一天。隨時意識到自己擁有充滿活力的身體，就能孕育出更多能量。」

諸如此類，**像這樣寫下自己期望的狀態，用眼睛看，唸出聲音來，透過視力與聽力植入潛意識，我稱這項作業為「自我肯定」**。

這種方法是利用積極進取的文字宣誓，藉此靠近理想的自己，藉由寫下能增加能量的文字，宣之於口，聽進去，讓自己成長。經常使用於潛能開發的領域裡，或許各位也聽過類似的方法，希望大家務必把自我肯定的練習加入日常生活中。

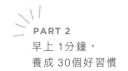

✦ 利用一天的開始，說出內心的感謝

「感謝」與文字具有同等的力量，**感謝是所有能量的來源，具有讓眼前的世界煥然一新的力量**。

例如現在身上穿的衣服，戴上「感謝」的濾鏡來看這件彷彿存在得理所當然的衣服，會發現這件衣服是由設計師、成衣商、原料製作者所共同完成，非常珍貴的「作品」。

只可惜，人很容易忘記感謝的心情。如同 Question 7 也說過，人一旦忘記感謝，不是心浮氣躁，就是變得傲慢，產生負面的情緒。**為了維持不忘記感謝的狀態，請寫下感謝的心情並唸出聲音來，使其融入生活中**。

「早上起床，吸收自然的能量，我今天也能發揮創意，創造出美好的一天。同時感謝世間萬物，向世間萬物致上我的感謝。感謝現在正在看這段文字的自己，也感謝深愛的妻子。謝謝大家。」

這是我早上實際唸出聲音來的文章，像這樣寫下感謝的話語，每

天早上發出聲音來朗誦看看，感覺就像是讓自己徜徉在感謝裡。心浮氣躁的感覺應該會消失，產生新的觀點、新的價值觀。

如果想獲得成功、建立良好的人際關係，「文字」與「感謝」缺一不可，能不能意識到這點將大大地影響你的人生。

為了打造充滿自我風格的美好人生，請養成習慣，寫下自己想成為的樣子和感謝的心意，並且唸出聲音來。

習慣
18

Action
8

不要漫無目的地打開電視

我從十幾年前就不看電視了，家裡沒有電視機，住旅館的時候也不會打開來看。不看電視在我家是常識——聽我這麼說，大家都很驚訝，看到這種反應，反而是我很驚訝！

我不看電視，是因為不想被動地接收資訊。**在這個資訊氾濫的時代，必須保持堅定的態度，只吸收自己認為需要的資訊，才不會變成**

只能被動接收的一方。只會被動接收的話，不僅沒有自己的價值觀，恐怕就連自我思考的能力都沒有了。

話說回來，電視台的收入來源是贊助商的廣告等等，所以或許要換個角度思考，電視節目主要提供的都是企業想宣傳的資訊，而非對社會有益的資訊。

其中也有讓人不愉快的資訊，當我發現自己受到吸引，被那些資訊淹沒後，從某一刻起就決定不看電視了。

請各位也靜下心來想想，你真的需要那些讓你不安、單方面的資訊嗎？

如果平常會漫無目地打開電視、每天無可無不可地收看晨間節目，等於是在早上還處於全新狀態的腦中，塞進一大堆沒必要的資訊。如果想打造理想的人生，這或許是完全沒必要的習慣。

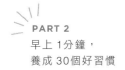

✦主動選擇輸入自己需要的資訊

當然，我無意否定電視的一切。好比喜歡搞笑的人，或許可以藉由收看搞笑節目來消除壓力，當自己喜歡的歌手參加音樂節目時，通常都會想看吧！有些綜藝節目或資訊類節目也很有趣，可以從電視上學到很多事。

重點在於選擇「自己需要的東西」，為了搞清楚這點，試著問自己：「現在這個時間點，需要這項資訊嗎？」如果回答是「YES」，對你而言就是需要的資訊。

不只電視，這個問題也可以套用在網路或雜誌、SNS等五花八門的媒體，千萬不要忘記，**想看什麼、得到什麼資訊的選擇權，是掌握在自己手上**。

稍微岔開一下話題，除非非常緊急，否則我也不打電話。包括家人在內，平常的交流都以傳訊息的方式或在聊天室進行。因為我長年都在海外，加上時差的問題，大概從十年前就沒在打電話了。

接電話會中斷手上的作業，舉例來說，原本計畫「要在十點到十二點前完成這項作業」，正專心處理時，與工作有關的人打電話來，你會怎麼做？我猜大部分的人都會想也不想地立刻接電話。

可是一旦接了這通電話，注意力就會從現在正在做的事跑到工作上的內容，有時候可能是必須馬上處理的急事，原本擬訂好的計畫就會因此泡湯。

即使是工作，也能選擇由自己掌握要怎麼做，必須時時刻刻提醒自己，不要被3C產品影響，更要有篩選資訊需要與否的判斷力。

習慣
19

Action
9

找出一套屬於自己的簡單放鬆法

為了神清氣爽地度過早晨的時光，最好知道能讓自己開心愉快的放鬆法，並養成習慣，而我的習慣是每天早上都要焚燒鼠尾草。

焚燒鼠尾草會釋放負離子，具有中和過敏原的作用，所以我從幾年前就開始在日常生活中焚燒鼠尾草，現在則是為了調節房間裡的氣，已經變成早晨的習慣了。

另一方面，由於我的大腦已經認定「鼠尾草＝早晨」，產生良好的循環，一聞到鼠尾草的香味就會自動自發地睜開雙眼。換言之，焚燒鼠尾草的習慣扮演著哨子的角色，負責喚醒早上起不來的我。

✦為自己打造專屬的早晨儀式感

想必也有很多人早上醒來，身體卻還殘留著前一天的疲勞及壓力，但是站在科學的角度，人腦會利用睡著的時候重新整理一次。

如果每天都還受制於昨天的心情，那可能是你自己選擇的結果，請把昨天的自己和今天的自己一刀切開。為此也必須知道能在早上確實放鬆的方法，並養成習慣。

我有個朋友說他早上一定要聽古典音樂，根據各式各樣的研究指出，古典音樂具有放鬆及提升專注力的效果，好處多多。

而且隨時隨地都能聽音樂，即使外出旅行也能輕鬆地欣賞自己喜歡的音樂，這點很值得推薦。

不僅如此，還能視早上的心情換音樂聽，像是想打起精神來的時候就聽貝多芬，想讓心情平復下來的時候就聽莫札特……可以配合當時的心情選曲。

這是因為夠了解自己的心情，也很清楚想成為什麼樣的自己才能辦到。

✦想轉換心情或幫助睡眠，就點起蠟燭吧！

想放鬆的時候，我會點蠟燭。我本來就不喜歡太刺眼的電燈，因此晚上會盡量在溫暖的光線或燭光下度過，看著蠟燭的火光，搖曳的火苗還能放鬆心情。

燭光具有分泌褪黑激素的作用，褪黑激素又稱為睡眠荷爾蒙。光是在就寢的幾個小時前點蠟燭，在燭光下度過，大腦就會逐漸進入睡眠狀態，變得比較好入睡。

平常睡眠品質不好的人，至少在就寢的兩小時前關掉日光燈等太亮的燈光，使用間接照明，在略微昏暗的房間裡度過。

另外，手機及電視、平板電腦等3C產品發出的藍光則具有抑制褪黑激素，使大腦清醒的作用。可以的話，請在睡前兩小時關掉這些3C的電源。為了得到良好的睡眠品質，神清氣爽地醒來，也必須遠離這些產品。

除此之外，我還會刻意在早晨點蠟燭。蠟燭的火光有許多好處，但我認為最大的好處在於「改變時間的速度」。

忙碌的時候大概很少人會刻意點起蠟燭，**透過「點蠟燭」的動作讓大腦集中精神，暫時停下時間的腳步，這麼一來，時間就會變得平靜且安穩。**

最近市面上有很多香氛蠟燭，也可以配合早上的心情來選擇不同的香味。

想讓大腦放鬆、集中精神的時候可以選用「薰衣草」，心情悶悶不樂的時候可以選用「依蘭依蘭」，想讓心情冷靜下來的時候可以選用「薄荷」等等，配合自己的心情選擇香氛蠟燭。

每個人最好都能有一套屬於自己的放鬆法，為了找到這個方法，前面提過的「寶物清單」就顯得格外重要。**也可以把清單分成早、中、晚不同的時段，了解什麼是能簡單實現的放鬆法，並養成習慣。**能不能做到這一點，將會大大地左右你的一天。

習慣
20

Action
10

爲了明天而採取行動

為了以最完美的方式揭開一天的序幕，事先在前一天晚上調整好心態，就能更有效率地度過早上這段時間。

我在【前言】也說過，剛創業的時候，每天都在反省身為社會人的自己。回頭看當時跟現在最大的不同，在於之前是「當天早上」才檢查工作的行程。那時最常犯的錯誤是早上起床，看了當天的行事曆才發現，「慘了！五分鐘後就要開會了……」

重複犯錯的過程中，我這才發現前一天晚上的準備至關重要。

從此以後，我開始提醒自己要在前一天晚上確認隔天的行程，當時只是想著「希望明天是怎麼樣的一天？」、「希望早上起床是什麼樣的心情？」就睡著了，但是早上起床，答案就跟著出來了。

基於上述的經驗，充分地感受到為了善用早上這段時間，重點在於要有效地利用前一天晚上。

✦引導式問題改變焦點，讓明天超級完美

這裡要注意到一點，那就是晚上千萬別問自己消極的問題。例如「明天可能會很不開心」、「萬一簡報結果不如人意怎麼辦」等等，睡前思考這些負面的事，可能會對早上的你帶來不良的影響。

我從這些經驗中學到，**提問具有改變焦點的作用，視自己問問題的方法，隔天可能是最完美的一天，也可能是最糟糕的一天。**以孩子

放學回來為例，如果問他：「今天過得如何？」大部分的孩子都會回答「還好」，但是如果改成問：「今天發生了什麼好事嗎？」孩子就會找出今天發生過的好事來回答。

問自己「有什麼好事嗎？」是建立在你身上發生過好事的前提下。光是換個方式問，答案就截然不同，不覺得很有趣嗎？

倘若到了晚上，覺得心情不太好，不妨問自己：「今天有什麼好事？」問自己這個問題，就會從一整天的行程裡尋找覺得「好」的事。

這麼一來就能產生正面思考，像是「今天被□□罵了，心情很沮喪，幸好有△△前輩鼓勵我」、「今天忙得暈頭轉向，但是忙完之後的啤酒太好喝了」等等。

一旦恢復了積極進取的心情，請保持在那個狀態，再問自己：「希望明天是怎樣的一天？」這個問題能幫你看見明天的方向。

如此一來就能發現「今天可以為明天做什麼準備？」、「為了有效地利用今天剩下的時間，我可以怎麼做？」

一旦找到答案，不妨今晚就解決那些問題。為了有效率地利用早上的時間，前一天晚上對自己提出的問題就顯得格外重要。行有餘力的時候再做就可以了，為了度過充實的明天，請好好地利用每一個晚上。

PART 2

早上 1分鐘，養成 30個好習慣

習慣
21～30

Plan

養成「計畫未來」的習慣

習慣
21

Plan
1

製作與人溝通專用的「聯絡清單」

每個人都有「當天非做不可」的事，從小到大，事情的種類琳琅滿目，但大事通常很花時間，所以最好事先設定「什麼時候要做」的排程。

只不過，如果是「拜託○○做□□」「跟△△約時間」，**這種與人際溝通有關的工作，建議另外以列出清單的方式來管理。**

✦另外列出「回信」、「與人溝通」的工作事項

我以前會把當天該做的事，全部列成待辦清單。然而，要跟別人聯絡的工作通常不用花很多時間，與其他工作混在一起的話，會覺得工作好像沒進展。因此我試著製作「聯絡清單」，寫下該聯絡的事，與其他該做的事項分開。

例如「回覆□□的來信」、「傳LINE告訴△△關於□□的事」等等，把那天必須與人聯絡的事項與其他事項分開來管理。

這麼一來，就不會忘記聯絡，也不會感到混亂，能心無罣礙地投入應該優先處理的大事。

各位在職場上，這些「與人聯絡的事項」是否經常干擾到應該優先處理的工作？以上班族為例，進公司通常會馬上開電腦收信吧！這時，光是要一一回覆收到的電子郵件，就耗掉好幾個小時的狀況也屢見不鮮。

一旦被聯絡事項追著跑，就無法處理本來要處理的工作；經常抱

怨「工作做不完」、「居然直到傍晚才有空處理今天該做的事」的人，很可能都被這些需要與人聯絡的事項追著跑。

話說回來，與某人聯絡時和專心工作時使用腦子的方法不一樣；**專心工作時需要專注力及想像力，聯絡時需要的是溝通能力。**因為使用的能力不同，不用認為是同一種工作，如果當成同一種工作，反而會招致混亂。

✦依溝通軟體分類，製作聯絡人清單

建議每個人都要製作一份聯絡清單，與主要的工作分別管理。製作時寫下聯絡人與使用的溝通軟體，可以更清楚明瞭，也更方便作業。例如——

- 客戶△△先生（**mail**）
- 企畫課的□□部長（**Chatwork**）

・〇〇前輩（**LINE**）

・工作人員□□小姐（**Messenger**）

——不妨像以上例子中這樣分門別類。

經常可以聽到「工作效率高的人，回信速度也很快」的說法，但如果只有速度快，內容錯誤百出的話，反而會降低自己的評價。

而且「回信速度快」到底是多快，標準也因人而異，只要第二天就能回覆前一天收到的信，應該不至於收到回信太慢的抱怨吧？

養成在一天的開始，也就是早上的時間製作聯絡清單的習慣。養成習慣後，還能讓想保持聯絡的人認為「這個人傍晚之前一定會回信」或「〇〇通常都是中午過後才收信，所以大概快回信了」，與對方建立起信賴關係。

聯絡清單不只可以用在工作上，訂餐廳或車票、打電話給房仲業者、回信給朋友等等，工作以外的事不妨也同樣先寫下來。為了專心處理今天該做的大事，請務必試試這個方法。

習慣 22

Plan 2

決定哪些是「不做也沒關係的事」

人生在世，難免受到以下兩種誘惑。

一種是「甜美的誘惑」，這是指「得做○○，可是好累，所以不做了」、「得去□□，可是好麻煩……」這種來自內心的誘惑。

一種是「嚴格的誘惑」，這是指來自別人的委託，例如「今天以內要完成這份資料」、「下個月的會議請在星期六前準備好」的誘惑。

✦反問自己：現在應該做嗎？不做也沒關係嗎？

無法照自己的意念而活，總是被這兩種誘惑牽著鼻子走——很遺憾，這種人絕對無法抬頭挺胸地說是為自己而活。

打個比方，倘若輸給「好睏，不想上班」的甜美誘惑，就連公司都去不了了。即使勉強去上班，也只是遵照上司或前輩「先做這個」、「那份資料錯了，仔細一點」的命令工作，如果一天到晚挨罵，就會以「嚴格的誘惑」為行動主軸。

行動都圍著這兩種誘惑打轉的人，其實是輸給自己，也輸給別人。平常就意識到這兩種誘惑，讓自己的心強大到不會輸給這兩種誘惑。在感覺「啊，受到誘惑了」的瞬間，請這樣問自己：

「那件事一定要馬上處理嗎？」

「是不是只要什麼時候完成就行了？」

在 **Question 4** 也說過，職場上確實有很多非馬上處理不可的急件，但實際上多半是沒那麼緊急的事。

只是，當客戶或上司等地位比自己高的人交代「這件事很急」，就會自然而然地以為必須趕快處理。像這種時候更需要問自己：「現在應該做這件事嗎？」冷靜地思考緊急程度。

這時如果判斷「不急」，請列入「不必馬上做也沒關係」的清單，先寫下來。可以用便條紙，也可以用便利貼記錄，只要保留一個空間寫下「今天不用做也沒關係的事」即可，然後放在隨時都可以看見的地方。

人的心理會認為「交代的事不馬上做會忘記，所以現在先做起來吧」，這點很有意思。

反過來說，其實是「只要別忘記，不用馬上處理也沒關係」的意思，因此請製作「不用立刻做也沒關係的清單」加以管理。

✦接受對自己有幫助的誘惑

話雖如此，天曉得自己內心甜美的誘惑會在什麼時候以什麼方式出現，這時請從「這個誘惑對自己有益嗎？」的角度來判斷。

舉例來說，如果是「該做的事還沒做完，可是好睏……」的情況，小睡片刻反而能提升工作效率，如果是「好想休息一下，吃點糖果餅乾」的情況，不妨小憩片刻，吃點零食，讓腦子也休息一下，接下來會更有活力。

只要是對你有益的誘惑，大可來者不拒，多多益善。這時要注意一點，那就是要定好時間，如果午睡太久，或是吃了太多點心就反而本末倒置了。

為了度過沒有遺憾的一天，擬訂計畫時請預先想定自己內心甜美的誘惑與來自別人嚴格的誘惑。

想像得愈具體，愈不容易輸給誘惑，能不慌不忙地判斷哪些是「該做的事」、哪些是「不做也沒關係的事」，就不會再浪費時間了。

習慣
23

Plan 3

掌握自己可以表現最好的時段

藉由在某個時段採取適合那個時段的行動，可以有效地提升生產力。為此，必須掌握自己在什麼時候、做什麼事情可以提升工作效率，這將對你的行動及使用時間的方法造成極大的影響。

說是這麼說，但是要判斷什麼時候做什麼事能提升工作效率，或許不是一件簡單的事。

需要思考的工作，什麼時候做最有效率？

這時候請從兩方面來思考，分別是「適合做需要思考的工作（作業）的時間」與「適合做不需要思考的工作（作業）的時間」。

以我為例，感覺大腦要到早上九點左右才開機，所以把需要思考的工作放在十點到下午兩點之間。像是寫作或拍影片等等，將需要動腦的工作放在這段時間來做會比較有效率；相反地，下午的時段則排入開會或採訪等以說話為主的工作。

有一派說法是「人在上午的工作效率比較好」，但並非所有人都這樣。說到上午，有人早上五點就起床，可以精力充沛地工作到十點，當然也有人像我這樣，早上九點到下午兩點之間比較有辦法集中精神。

有人下午才開始認真工作，也有人半夜才能集中精神，**如同每個人的生活型態都不一樣，工作效率最高的時間也不一樣，請先了解何時是你精力最充沛的時段。**

為了了解這一點，請自問「什麼時候是我工作效率最好的時段？」

這裡所謂的「工作效率最好」是「能專心工作」的意思，對於利用帶孩子的空檔在家工作的人或週末也要從事副業的人而言，不一定是指工作的時間。因此要了解「能專心工作的時間」，而非「能工作的時間」。

了解自己能發揮工作效率的時段後，再決定那段時間要做什麼，並將之變成例行公事，是有效使用時間的訣竅。

這種做事的方法，也可以運用在準備考試上。好比說，上午處理要動腦的數學等計算問題，下午學習歷史或文法等單純的記憶問題。聽說有很多學生都從腦科學的角度出發，善用時間學習。

我回想自己的學生時代，上完體育課的數學課總是昏昏欲睡。就連還是小學生的我都在心裡暗自抱怨，「真希望體育課可以跟數學課對調」。從工作效率的角度來看，這種時間分配確實有問題。

✦配合工作效率和步調，決定午餐時間

另外，專心工作時不一定要吃午餐。很多人都以為十二點到了就一定要用餐，但只要肚子不餓，不一定要吃；自己的時間由自己創造，不需要配合一般人的作息。

話雖如此，如果是上班族，難免發生好不容易十一點開始專心工作，十二點又得去用餐的狀況。如果可以，不妨先處理公事，一小時後再去吃午餐。

注意力能集中多久因人而異，也會隨那天的狀況而異，可以的話，請盡量讓注意力集中得久一點。這麼一來就會知道自己的注意力能集中多久的平均值，再來擬訂一天最有效率的工作或行動計畫。

習慣
24

Plan 4

在行事曆加入「發呆的時間」

各位是否也曾有過在泡澡或散步等頭腦放空時，突然靈機一動，想到好點子的經驗？這種放空的狀態稱為「預設模式網絡」，據說大腦這時的動能是平常的十五倍。

✦安排讓大腦刻意放空的時段

過去都以為什麼都沒在想的時候，大腦會停止運作，思考時才會開始動腦。但是根據各式各樣的研究結果指出，什麼都不想的狀態反而更能活化腦部，所以才會出現發呆時反而冒出意想不到妙點子的現象，可見刻意讓自己放空很重要。

忙碌的人通常都不想浪費時間，但是如果把行程排得太緊，注意力將無法一直集中，導致大腦的機能衰退，因此請暫時放下工作，放空一下。只要善用人類與生俱來的「預設模式網絡」功能，或許能產生乎意料的靈感。

雖說放空，每個人使用時間的方法都不太一樣；有人喝茶時什麼都不想，也有人望著海洋或天空就能放空。以我為例，我喜歡去附近的海邊散步，或者是在瀰漫著濃縮咖啡香的咖啡館發呆。

還有一個可以放得很空的方法，那就是睡午覺。雖說是睡午覺，但也只是躺著，並沒有真的睡著。而是躺在沙發或床上，讓自己休息，暫時脫離工作的狀態。

如此一來，**大腦就有重新整理的感覺，能以煥然一新的心情處理工作。**

早上在規畫一天的行程時，我會盡可能在行事曆裡加入睡午覺的時間。人不可能永遠集中精神，一天下來能做出正確判斷的次數也很有限，所以我刻意在行程中加入重新整理的時間。

✦依照不同的工作，安排不同的放空內容

忙碌的人習慣忙到感覺疲勞為止，但真正需要休息的其實是大腦，所以請刻意在行事曆裡加入發呆的時間。

即使是發呆的時間，最好也有點變化，可以在安排行程時明確地配合自己的狀況，有時冥想、有時跟寵物玩、有時澆花等等。打個比方——

▽上午十點～下午一點完成企畫書（十一點冥想／十二點喝茶）

▽四點～六點開會（五點休息一下）

不妨以這種買一送一的方式管理「重要的工作」與「休息時間」，無論工作再忙，開關之間的平衡都非常重要，請隨時告訴自己，「做事時認真做事，不用做事就徹底放空」。

這是能健康工作到老的不二法門，也是人人都可以活到一百歲的時代需要的工作方式。

習慣
25

Plan
5

保留感到快樂的「自己的時間」

專心工作時，任誰都有時間一眨眼就過去的經驗。我自己在寫作或進入所謂的「無我之境」時，偶爾也會發生「回過神來已經過了三個小時」的狀況。

太專心而導致忘了時間的話，結束後，疲憊會一口氣湧上來，沒力氣再處理接下來的工作。

✦工作的品質才是重點！

這或許是一天當中最理想的工作量，可惜如果是上班時間固定，必須從早上九點工作到下午五點的人，大概很難持續專心工作好幾個小時。

「番茄鐘工作法」是經常被提到的時間管理術，這是指周而復始地「工作二十五分鐘」再「休息五分鐘」，藉此保持專注力，以提升生產力的作法。用碼表等工具設定好時間，專心處理事先決定好的工作，直到作業完成都能很專注。

這個技巧還具有能輕鬆地計算作業時間，有助於安排行程的優點。應可充分感受到坐在辦公桌前不再拖泥帶水，維持高度注意力的收穫。

如果是有很多事要做的人，可能會想「做完這個段落再休息」，對做到一半暫停作業心生抗拒。

問題是，重點不是工作量，而是工作的品質。不夠專注就無法提升工作的品質，**經過二十到三十分鐘後，請暫時放下工作，是讓注意力持續集中的最好作法。**

如同在 **Plan 4** 寫到的那樣，請務必預留放空的時間，或是做點伸展操，養成讓大腦重新打起精神的習慣。

✦休息的時候上網，等於沒有休息到

另一方面，除了讓頭腦休息的時間，另外在行程表加入「提升幹勁」的時間也很重要。

用來讓自己更有活力的時間稱為「自己的時間」，不妨在每天的計畫中加入玩遊戲、看漫畫等讓自己開心的時間。

這時的重點，在於要「真的放下」工作。如果是在家工作，請暫時離開房間做家事或外出一下都好，目的在於忘記工作上的事。

我以前會用智慧型手機的應用程式玩一分鐘結束的遊戲，沒想到意外好玩，而且每次只要一分鐘，所以很適合用來暫時忘記工作。也不能思考別的事，屬於一種冥想狀態。

如果利用放空的時間上社群網站或看網路新聞，大腦會為了吸收資訊而繼續工作。據說這時大腦的工作量是工作時的好幾倍，所以想讓大腦休息時千萬不要看手機。

為了暫時忘記工作，讓自己放鬆，打起精神來，也要掌握能讓自己轉換心情的道具或放鬆的方法。

舉例來說，如果工作的空檔想休息三十分鐘，卻感到迷惘「接下來要做什麼」，這個時間就浪費掉了。

為了有效率地使用時間，不妨利用早上就在行程表中加入「自己的時間」，這將成為提升你的工作效率、避免壓力的助力。

習慣 26

Plan 6 計算當天的最優先事項需要花的時間

身為一個問問題的專家，經常要與各式各樣的人對話，我發現很多人都有「找不到想做的事」的煩惱。

再仔細地詢問後，得知他們雖然有喜歡的事或想挑戰的事，卻不知該怎麼選擇。也就是說，他們的煩惱是選不出一個最佳解（最想做的事）。

稍微岔題一下，**用待辦清單來管理工作其實有個壞處，那就是不**

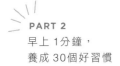

曉得該從哪裡著手。如果不清楚眾多的工作項目中哪一個最重要的，大概會每項工作都做得虎頭蛇尾，這也是無法決定哪個是最佳解的原因之一。

✦練習如何選出「最佳解」的能力

在這個資訊氾濫的時代，需要具備從許多選擇中選出「最佳解」的能力。為了培養分析、選擇的能力，在面對多如繁星的事物時，就得有意識地問自己：「哪個最重要？」

亦即，要養成判斷在多如繁星的選擇中、哪一項最重要的習慣，這應該能訓練你的選擇力、判斷力和行動力。

在職場上決定什麼是當天最重要的工作後，接著要預測完成工作需要多少時間。如果不知道的話，就無法規畫一天的行程。

假設「完成下週的簡報要用的資料」是最重要的工作，就得預測要花三小時還是一小時就能做完。

如果預估「從十點到十二點的兩個小時應該能做好」，則將這項工作內容排入行事曆中。等完成後再來「對答案」，看預測與現實有多少差距。

以為只要兩小時就能完成的工作，結果「花了三個小時」或「沒想到能提早做完」，別忘了把實際花的時間記錄下來。這些數據今後將成為預測其他作業要花多少時間的判斷依據。舉例如下——

- 只要三個小時，就能完成二十頁的簡報資料。
- 整理每個月的銷售資料，需要花一小時。
- 四十五分鐘能寫出八百字的原稿。

如上述的例子，掌握了自己的作業速度後，就能輕鬆地擬定一整天的計畫。

此外，預測作業時間後，就會下意識地想在時間內完成，也具有提高專注力的好處。

即使是不用工作的人，也可以預設「今天是□□優先日」。例如「星期四是家人優先日」、「星期日是料理優先日」，像這樣依照星期幾決定好優先事項，就能知道該優先做什麼事，度過充實的一天。

✦ 養成一開始就選擇最佳解的習慣

無論處於何種狀況，都知道該優先處理哪件事的話，就能看見你人生的最佳解。

即使是煩惱著「不知道自己想做什麼」的人，只要平常就養成選擇最佳解的習慣，就會知道什麼是自己最想做的事。

這時需注意一點，那就是不要有第二、第三個順位；一旦考慮到順位，就會很花時間，也容易陷入混亂。

將「選擇最佳解」視為當務之急要養成的習慣，在職場上就能知道，什麼是當天最重要的待辦事項，以及完成這項工作需要花多少時間。為了有更多屬於自己的時間，選擇力、判斷力和行動力，在職場上都是不可或缺的能力。

習慣 27

Plan 7

記錄日常瑣事

「五天前，晚飯吃了什麼？」

突然被問到這個問題，大概沒幾個人能馬上回答吧！就算答得出來，通常也無法斷定，只能支支吾吾地回答「好像吃了△△……」。

✦將每天的行動「可視化」

人的記憶非常不可靠，有時候還會捏造對自己有利的記憶。有一次，朋友對我說：「充弘先生，你最好多喝點水喔！」當時我的回答是「不不不，我已經很喝多水了」。

但是回答完之後，我突然想到「話說到底喝了多少水呢？」接著開始回想當天喝水的次數——結果居然只有兩次。

我這才發現，自以為跟平常一樣，在同一時間喝同樣多的水，但實際上只喝了兩杯。

當時便深刻地感受到，「對耶，好多事如果不實際記錄下來就不知道」；**記憶與實際情況經常有所出入**，從此以後，我開始有意識地記錄自己的日常。

每天喝幾杯咖啡、花多少時間吃飯、花多少時間寫作……等等，記錄自己平常做了什麼事？做了幾次？花了多少時間？發現自己以為的數字與實際上的數字有很大的落差。

✦ 透過文字紀錄，會更了解自己

更重要的是，將每天的行動記錄下來，還能具體了解自己有什麼習慣。**如果你也覺得「想改變現在的生活」、「想改變自己」，就必須先了解自己現在的習慣。**

如果不了解「現在的自己」，就不知道該改變什麼，又該怎麼改變。如果只是光想著「要有所改變」，根本不會有任何變化。

更何況，沒有人能完全了解自己。就像我不知道自己一天喝了幾杯水，你也不可能百分之百的了解自己。因此，「記錄」就成為了解自己的不二法門。

大家或許對以前流行過「飲食日記減肥法」還記憶猶新，這是一種只要記錄吃了什麼就能變瘦的減重法。藉由記錄一天的飲食內容，讓自己注意到瘦不下來的真正原因。

而正是因為「記錄→認識→改變」這種簡單的連動效果很適合減肥，才能流行起來。

✦用記錄每天的行動，改變日常的感受

如果想改變自己，不妨就從記錄開始，這也能讓自己的注意力集中到一點上。

先從幾點起床、幾點就寢的生活型態開始了解自己，細數喜歡的東西、經常做的事，應該能發現只屬於你的意外習慣或小動作。

早上起床後，不妨先選定要記錄什麼，「今天來計算□□的次數」。不用每天做也沒關係，想到的時候再做也可以，應該會有新的發現、看見新的自己。

如果覺得最近壓力很大，可以計算「今天有幾件值得感謝的事」；如果覺得最近好無聊啊，可以計算「今天笑了幾次」，從不同於平常的角度看習以為常的生活。

記錄意味著認識，每天的發現將成為豐富人生的基礎，而找出每天的發現其實意外地容易。

習慣
28

Plan
8
決定「今天的主題」

寫書的時候，我一向會先決定主題。以本書為例，主題是「早晨的習慣」，再配合這個主題規畫大綱，撰寫原稿。

想當然耳，沒有主題就無法寫作；正因為有主題，才能針對主題撰寫原稿。不只原稿，例如製作新網站、設計新車款、或是研發新甜點時，都要先決定好主題，再配合主題設計商品。

這麼一來你大概就能理解，在思考要把今天打造成怎樣的一天時，先有主題是比較好的。

✦壓力對你來說，是助力還是阻力？

主題夠明確的話，行動就不會變來變去，只要朝著定好的主題前進即可，不用選擇「該怎麼做才好」，也就不會浪費時間。

有人問我「目標與主題有何不同」？有一點很明顯的不同，那就是「目標」主要是為了克服什麼，而「主題」則是朝著目標前進，不用克服也沒關係。

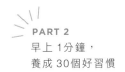

稍微岔題一下，人的性格分成「在有壓力的情況下才能努力」與「在沒有壓力的情況下才能努力」兩種類型。

前者是因為受到來自周圍的壓力，而覺得「我要努力」，後者則是要在「按照你的步調努力吧」的情況下才能發揮潛力，你應該能判斷自己是屬於哪種人吧？

這時如果是在有壓力的情況下才能努力的人，請選擇「訂出目標」，在沒有壓力的情況下才能努力的人，請選擇「決定主題」，如此一來就能充分發揮你的實力。

無論是那一種人，你的一天只有靠自己才能創造，有個方向可以遵循的話，一定比較容易採取行動。

✦ 有了「今日主題」，輕鬆決定事情的優先順序

當天的主題是哪一類的都無所謂，工作也好，私生活也罷，跟興趣相關的也可以，不經意浮現腦海的主題，就是你當天所需要的。

訂出「重新審視自己的習慣」、「為家人服務」等等抽象的主題也無妨，「總之今天就是要放輕鬆」、「刻意給自己一段什麼都不做的時間」，像這樣與放鬆休息有關的主題也不錯。

有了一天的主題，人就會下意識地配合主題採取行動。如果是平常被上司或前輩要求「這個急著要」或「今天下班去喝一杯」便無法拒絕的人，這時請回想今天的主題。

為了完成今天的主題，就得判斷上司或前輩要求的事是不是真正該做的事，自然就能養成「拒絕力」。

擁有夢想或目的固然重要，從先好好地珍惜每一天開始，這時便需要「主題」這個指南針，記得在起床後先思考「決定今日主題」這件事。

習慣 29

Plan 9

依人生五大主題，寫下重要的事物

你的一生是由一秒、一分、一天、一週、一個月、一年累積而成——這句話聽起來理所當然，但是在行動時能意識到這點的人其實少之又少。

「長大後想當飛行員」、「想實現成為護理師的夢想」等等，想必有很多人都描繪過未來的夢想。小時候，人人都以為「大人＝未來」，而此時此刻的你，正處於小時候描繪的未來漩渦中。

✦在一週或一個月的第一天，決定好「主題」

不同於父母不同意就無法自由行動的年紀，長大成人後，你已經可以隨心所欲地買自己想要的東西，如果有想做的事，什麼都可以嘗試看看。

要是你對夢想或目的的前面加上「總有一天」，變成「總有一天想嘗試看看」，或許可以說你其實還很幼稚，根本沒有成長。

你的一生是由「現在」這個瞬間串連而成，請好好珍惜今天之內的每分每秒，做自己的主人。

恕我不厭其煩地強調，大家必須改變對一天的起點、也就是早上起床後這段時間的意識。

在 Plan 8「決定一天的主題」時也提到過，**為了決定一天的主**

題，意識到週、月，稍微長一點的時間軸會很有幫助，不妨在一週或一個月的第一天，就決定好「本週的主題」和「這個月的主題」。

✦ 在五大主題中，對你最重要的是什麼？

話雖如此，也有人覺得要決定每天、每週、每個月的主題很困難，可以先從以下五大類主題，思考「什麼是對自己最重要的事」。

如此一來就能明確地看出你在這些主題的理想狀態，也比較容易決定每天的主題。

① **Wellness**（身體）

→與健康或美容有關的事

② **Relationship**（人際關係）

→與家庭或伴侶、工作有關的人

③ **Finance**（金錢）

↓對金錢的價值觀、花錢的方法

④ **Pleasure**（喜悅）

↓能讓自己快樂、感到幸福的事物

⑤ **Growth**（成長）

↓能讓自己成長的事物

問問自己在這五個主題中，「什麼是我最想重視的東西？」只要明白這些事情，做起事來就不會再迷惘。

現在到處都可以看到「要活得像自己」或「要活出自己的風格」之類的文案標語；另一方面，也有很多人不知道要怎樣「活得像自己」或什麼是「自己的風格」。

這種人更應該知道，在這五個領域裡什麼才是最重要的東西，這麼一來就能從中找到「活得像自己」或「自己的風格」的答案。

建議各位每隔幾個月就要重新自問這五大主題的問題，有的答案從頭到尾都一樣，有的答案會變來變去。從頭到尾都一致的話，就是「自己的風格」，如果答案不斷改變，代表你還在進化。

最重要的是，透過這些問題能了解現在的自己；不妨以輕鬆的感覺接受「現在的自己是這種感覺」，做為每天行動的方向儀。

寫下五大主題中，對你最重要的事物

Wellness（身體）

（例）每天的睡眠

Growth（成長）

（例）準備考證照

Relationship（人際關係）

（例）與子女相處的時間

Pleasure（喜悅）

（例）悠閒地看電影
的時間

Finance（金錢）

（例）不亂花錢

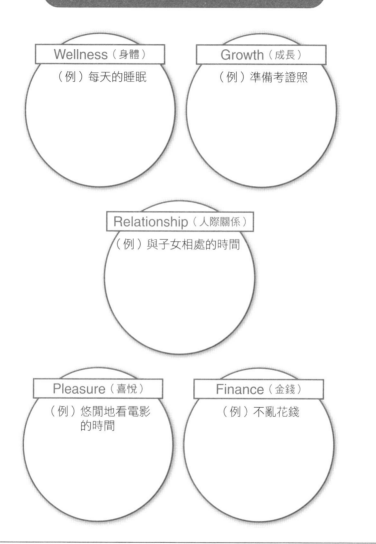

習慣
30

Plan
10

製作「願望清單」

幸福的人生需要「喜悅」與「希望」，無論再有錢、事業再成功，如果沒有喜悅，就稱不上是幸福的人生；反過來說，只要有了喜悅，都算是幸福的人生。

另外，對未來的希望則是人活下去的動力；只要有希望，即使現在發生很討厭的事，也會產生為了希望活下去的心情。

✦ 讓人生充滿「小小的喜悅」

喜悅則可以分成很多種，如果夢想是「想住在夏威夷」，當真的可以住在夏威夷時，會感受到巨大的喜悅，但這種喜悅與「吃到最喜歡的起司蛋糕」是不同的。

從規模來思考，能住在夏威夷的喜悅一定比較大吧！然而只要幾個月過去，再大的喜悅都會被視為理所當然，反而很快就忘了。

喜悅愈強烈，印象愈深刻；**另一方面，小小的喜悅即使印象不深刻，卻隨時都能讓你感到幸福。**

可以的話，請用小小的喜悅填滿日常生活，可以隨時感受到自己正走在幸福的人生軌道上。

如同我在Question 3說的，可以寫下能使你感到喜悅或幸福的「寶物清單」。這些小小的幸福和喜悅，會扮演好緩衝的角色，保護你不受壓力或煩惱的侵擾。

✦讓遠大的夢想可視化

在人生可以活到一百年的漫長歲月裡，仍不能忘記尋找希望；為此，可以準備「願望清單」。

這是為了實現你人生中遠大的目的或夢想，列出「要是有一天能實現就好了」的目標，例如——

- 想住在充滿大自然的家裡，有一個大大的院子。
- 想跟世界各地的人交朋友。
- 想靠自己喜歡做的事創業，並且賺大錢。
- 想在沖繩的離島過退休生活。
- 想過著旅行的遊牧生活。
- 想成為百萬暢銷書的作家。
- 想跟家人環遊世界。
- 想健健康康地活到一百歲。

雖然無法馬上實現，不過我非常建議大家，可以先寫下「希望有一天能實現」的遠大目標。

看著這份願望清單，就能重新確認自己的人生之船正航向哪裡，又該怎麼掌舵才好。

人生需要喜悅與希望，用小小的喜悅填滿「寶物清單」，從「願望清單」裡感受希望。善用這兩張清單，就能找到用喜悅填滿你的一天、一年、一生的提示，現在就立刻寫下這兩張重要的清單吧！

製作有朝一日想實現的「願望清單」！

例）

・想成為百萬暢銷書的作家

・想健健康康地活到一百歲

PART 3

起床後的簡單習慣，打造充實的一天

～引導好事降臨的「魔法提問筆記」

在前一章介紹了
希望大家在起床後養成的三十個習慣，
將這些習慣維持下去、
成為一天初始的「開運儀式感」，
秘訣就在獨創的「提問筆記」。

讓每個明天，都是充實的一天！

在前一章，我提出了可以減少無謂地浪費時間、讓一天變得充實的三十個習慣，各位在看完後應該不難發現，「提問」、「行動」和「計畫」，這三個是連動的。

提問產生行動，行動再產生計畫，一切的行動、計畫皆起源於提問；愈是忙碌的早晨，愈要對自己提問。光是出聲問自己問題，讓自己聽見答案，或許就能改變你的一天。

只不過，如果想讓一天過得心想事成又順利，再也沒有比「書寫」的輸出更好了。

讓好事成真、夢想顯化的魔法提問

這裡想推薦獨創的「魔法提問筆記」給大家，將屬於我專業領域的「提問」能力，結合為了成長所必要的「書寫」能力，就成了這份筆記。

如前所述，我從以前開始早上就很難爬起來，所以一直研究要如何在短時間內完成所有工作，這份「提問筆記」就是我好不容易找到的答案。

這份筆記濃縮了書中提出「最好在早上執行的三十個習慣」的精華，轉化成用「提問」方式呈現，在回答的同時確認一天要做的事，

安排好行程，與一般單純的記事本或日記完全不一樣。

以下是我個人的感覺，善用這份筆記，原本感覺需要花上十小時的工作，只需一個小時就能完成！

當你順利、有效率地完成工作或生活中的待辦事項，必然能增加自己的時間或與家人相處的時間，不再被許多清單追著跑。

在一天之始的起床後填寫這張表格，應該能讓你的一天、一週、一年、乃至於一生都變得非常充實。

用提問筆記實現美好人生的三大重點

這份「魔法提問筆記」並非天天都要寫，想寫的時候再寫就行了，就連三分鐘熱度的我也能持之以恆。

除此之外，因為能確實感受到藉由書寫來整理心情的效果，甚至產生了「想每天寫」的積極想法。

人的記憶有限，光靠大腦頂多只能清楚地記住四到五件「今天該做的事」，而且該做的事也不僅限於今天。

「明天該做的事、本週應該完成的事、這個月一定得解決的事」等等，我們終其一生背負著數也數不清的待辦事項。既然不可能牢牢地記住所有事，所以必須寫下來、用看的。

話雖如此，但也有人不喜歡天天都要填寫筆記的受限感，只要遵守以下三點，就能降低寫的門檻，以輕鬆的心情持續下去。

✦（1）想寫的時候再寫

「提問筆記」不需要每天寫，因為有時候很忙，但有時候則沒什麼特別的事要做，所以只要想寫的時候再寫就好了。

如果勉強自己每天寫，可能會對筆記產生「今天沒有東西可寫」、「寫不出來」的負面想法。

如果有積極正面的想法，例如「想整理腦中的思緒」「想整理自己的心情」，才能發揮「魔法提問」的效力。放下「每天都要寫」的想法，這是讓書寫提問清單持之以恆的最大訣竅。

✦（2）在十分鐘以內寫完

性格認真的人很容易陷入「每天都要寫」、「填滿所有的項目」的迷思。但是完全不需要花時間仔細又工整地填寫這份筆記。不是要寫給任何人看，只要自己看得懂就行了，以十分鐘為限，在時間內能寫多少算多少。

「十分鐘」在忙碌的早晨是很寶貴的時間，大可不必為了寫提問筆記刻意早起，或為了寫這張表格壓縮到做其他事的時間。「有空的時候再寫就好了」，千萬別忘記這個大前提。

✦（3）放在隨時都能看見的地方

填寫「魔法提問筆記」可以整理腦海中的思緒，明確地排出當天的先後順序。但是如果寫完就收進抽屜或包包裡，這股意識就會隨著時間流逝而遠離自己，因此要筆記放在隨時都能看見的地方。

放在公司的桌上，貼在冰箱上或客廳，總之請放在視線所及的地方。**重點在於要放在隨時看得到的地方，以免不小心忘記該做的事。**

只要遵守以上三點，就能長期善用這份「魔法提問筆記」，從充實的一天開始，讓每一週、每一個月、每一年都充實又幸福。

「魔法提問筆記」的使用說明

接下來將為各位說明，如何填寫自己的「魔法提問筆記」。這份筆記已經有超過一萬個人長期使用並給予好評，其中也有許多人延伸出了自成一格的用法。

如果你覺得有更好用的方法，請優先使用，這才是善用這份筆記的理想作法。如果你還不太確定該怎麼寫，那麼就先看看下一頁的提示，試著開始寫吧！

今天也能心想事成、好事不斷！

? Think → 分別寫下職場上及個人生活中今天應該要思考的事。

□ □

□ □

Input → 寫下今天想輸入的資訊，例如想了解的話題或想看的書、想研究的內容等等。

□ □

□ □

Action → 寫下該做的事情。當無法確定「最重要的待辦事項」時，也可以先填寫這張行動清單，再從中選出最重要的工作。將比較花時間的行動寫入左側縱軸的行事曆。

□ □

□ □

□ □

✕ 今天不做也沒關係的工作 → 行動清單中，如果有「今天不用做也沒關係」的待辦事項，就寫在這裡。

□ □

Contact List

→ 在這裡寫下需要「跟別人聯絡」的事，例如：打電話訂餐廳、預約票券等等，以及工作以外的事宜，都可以寫在這裡。

□ □ □

□ □ □

○○○○○○○○○○

魔法提問筆記

今天最重要的待辦事項是？

1 □ 寫下今天無論如何都得完成的待辦事項，排好優先順序，依序處理。即使是工作以外的待辦事項也無妨，寫下今天一定要完成的事。

預估完成作業需要幾分鐘，畫進時鐘裡，然後再寫入右側縱軸的行事曆。

今天次重要的待辦事項是？

2 □ 當今天有兩～三項次要的待辦事項才要寫，同上一則「最重要的待辦事項」，預估完成這些事需要多少時間，寫入右側縱軸的行事曆。

3 □

顏色不同的地方（10 ～ 14 點、16 ～ 19 點）是一般認為工作表現比較好的時段，可以將最優先的待辦事項安排在這段時間。

My time

□ 寫下用來讓自己打起精神來的時間。確保自己有時間暫時放下工作或待辦事項，轉換心情。同樣預估要花多少時間，寫入右側縱軸的行事曆。

□

8
9
10
11
12
13
14
15
16
17
18
19
20
21
22

今天有發生什麼好事嗎？

在一天要結束的時候寫。人會記得不順心的事，但是發生的好事卻很難停留在記憶裡。透過回想，可以在充滿成就感及滿足感的狀態下結束這一天。

希望明天是怎樣的一天？

為了能神清氣爽地揭開隔天早晨的序幕，可以自問有沒有什麼是可以利用晚上先準備好、應該注意到的事。只要能利用晚上的時間整理好答案，就能改變早上的心理狀態及行動。

今天過到現在，有什麼感覺？

聚焦於今天發生過的好事上，再問自己一次現在的感受。有助於轉換心情或產生足以指引明天行動方向的靈感。

Memo & Self Question

現在的心情如何？

先寫下自己「現在是什麼心情」，再針對這個問題，反覆地自問自答 3 ～ 4 遍再寫下來，這是為了讓自己恢復平常心。

／　／　（　）

希望是怎麼樣的一天？

→ 寫下「希望有什麼小確幸」。

→ 寫下「希望是什麼心情」。

→ 寫下「希望有什麼成果」。

→ 寫下「希望能怎麼做到」。

對今天有什麼期待？

↘ 為了一整天都能充滿活力，請自己製造今天的小確幸，數量不限。

現在有什麼在意的事？

↘ 寫下腦中紛亂不安的情緒，像是工作或人際關係等等，寫下所有感到在意或煩惱的事。

為了離願望或目標更進一步，
今天能做些什麼？ →

針對一年後的目標或夢想，分成以下兩個角度寫下「今天能做的事」。目的在於藉由自問自答讓自己認識到這一點，想不到的話也可以不用寫。

WORK

↘ 為了工作上一年後的目標或夢想，寫下什麼是今天能做的事。

MY LIFE

↘ 為了人生中一年後的目標或夢想，寫下什麼是今天能做的事。

作者的
填寫範例

今天也能心想事成、好事不斷！

? Think

- ☐ 思考活化區域貨幣的方法
- ☐ 思考現金與區域貨幣的關係

Input

- ☐ 閱讀《不為錢煩惱的人學到的事》

Action

- ☐ 寫信感謝高中生限定直播
- ☐ 上傳集資的活動報告
- ☐ 校對原稿
- ☐ 對使用區域貨幣的人進行問卷調查
- ☐ 預約傑出夫婦日的飯店
- ☐ 決定輕井澤集訓要去哪裡吃飯

✕ 今天不做也沒關係的工作

- ☐ 尋找新書座談會的會場
- ☐ 校對網路新聞

Contact List

- ☐ 傳訊息給K編輯
- ☐ 打電話給下週要聚餐的餐廳
- ☐ 與宣傳部的工作人員開五分鐘的會
- ☐ 傳訊息感謝昨天見到的人
- ☐ 回覆T影片合作案的日期

●●●●○○○○○○

魔法提問筆記

今天最重要的待辦事項是？

1 ☐ 製作下個月要上市的線上課程的教材

今天次重要的待辦事項是？

2 ☐ 思考與S對談直播的內容

3 ☐

My time

☐ 在藍瓶咖啡發呆的時間

☐

8	
9	筆記時間
10	思考直播內容
11	
12	和老婆吃午飯
13	
14	搭飛機移動
15	製作教材
16	
17	抵達沖繩
18	
19	
20	
21	
22	

今天有發生什麼好事嗎？

老婆收到巧克力麵包比我想像中更高興

工作全部做完了！

高中生限定直播受到非常大的迴響！好開心

希望明天是怎樣的一天？

希望是輕鬆的、充實的一天

今天過到現在，有什麼感覺？

誠實地面對自己的心很重要。一旦有截稿壓力就很容易不小心忘記這件事，所以重點在於不是用頭腦思考，而是要隨時聚焦於自己真正的心情。

Memo & Self Question

現在的心情如何？

有點忐忑不安

Q為什麼？

→今天要跑來跑去，一路上能工作嗎……

Q還有呢？

→或許無法取得辦得到的事與非做不可的事之間的平衡

Q該怎麼做才好？

→整理一下有哪些是可以之後再做的事

Q具體而言是哪些事？

→今天先不寫週末才要交的稿

／　／　（　）

希望是怎麼樣的一天？

- 希望有很多自己的時間
- 希望有可以放鬆的時間
- 希望區域貨幣的循環能踏出第一步
- 希望能在晚上十點上床睡覺

對今天有什麼期待？

跟許久不見的好友夫婦一起吃飯

現在有什麼在意的事？

這本書真的會賣嗎
還有什麼是我能做的事

為了離願望或目標更進一步，
今天能做些什麼？

WORK

找出一件能自動化完成的事

MY LIFE

偷偷去買老婆喜歡的巧克力奶油可頌麵包

結語

你才是自己人生的主角

「假如你的人生是一部電影，你想把今天拍成什麼樣子？」

這個問題是為了讓你成為自己人生的「主角」，你創造出來的「今天」這一幕，累積成一星期、一個月、一年……就成了人生這部電影。

世上有許多人看起來就像是英雄或女主角。功成名就的人、顛倒眾生的風雲人物、名利雙收的權貴等等，看到這些人，不禁覺得他們都散發著主角光環。

但你才是自己人生的主角，那些人即使散發著主角光環，在你的電影裡也只是區區一個臨時演員。

我最想透過這本書表達的是，你才是你人生的主角，沒有任何人能代替你，你是獨一無二，特別的存在。

如果所作所為不是依循自己的決定，就無法得到充實及滿足的感覺。一味地遵從別人意見或指示的人生，從某個角度來看或許很輕鬆。但是隨波逐流的生活方式將無法讓你覺得活出自己的人生，也得不到成就感。

因此珍惜每一分、每一秒，認認真真地活著就顯得格外重要。

本書列出了各式各樣的問題，希望能幫助你決定一天的行動與計畫。其中有不用花五秒就能回答的問題，也有想上五分鐘也找不到答案的問題。

這時請接受「答不出來」也是一種答案，不要追究，以輕鬆的心情鍥而不捨地自問自答。

早晨是一天的開始，也是你人生的起點。利用早上的一分鐘問自己問題，將促使你踏出美好人生的第一步。

無法給出完美的答案也沒關係，只要不斷地問自己，你的想法就會逐漸產生變化，當你回過神來的時候，應該已經摸索出與過去截然不同的生存之道了。

只要改變早晨的過法，人生也會確實地產生改變。

「想度過什麼樣的早晨？」與「想度過什麼樣的人生？」的叩問其實是一樣的意思。明天早上也請度過愉快的時光。

以下是我最後一個問題。

「看完這本書，你想展開什麼樣的人生？」

但願與這本書的相遇，能成為改變你人生的契機，同時也對所有參與本書製作的人致上最深的謝意。

二〇二二年四月　寫於輕井澤和煦的春日陽光下

松田充弘

是不是很期待，
明天的早晨呢？

起床後 1 分鐘的魔法提問筆記 1書＋1筆記

不只是回答問題，更是吸引好事的超強儀式

作　　者：松田充弘
譯　　者：賴惠鈴
責任編輯：賴秉薇
封面設計：葉馥儀
內文設計、排版：王氏研創藝術有限公司

總 編 輯：林麗文
副 總 編：梁淑玲、黃佳燕
主　　編：高佩琳、賴秉薇、蕭歆儀
行銷總監：祝子慧
行銷企畫：林彥伶、朱妍靜

社　　長：郭重興
發 行 人：曾大福
出　　版：幸福文化／遠足文化事業股份有限公司
地　　址：231 新北市新店區民權路 108-3 號 8 樓
網　　址：https://www.facebook.com/happinessbookrep/
電　　話：（02）2218-1417
傳　　真：（02）2218-8057

發　　行：遠足文化事業股份有限公司
地　　址：231 新北市新店區民權路 108-2 號 9 樓
電　　話：（02）2218-1417
傳　　真：（02）2218-1142
電　　郵：service@bookrep.com.tw
郵撥帳號：19504465
客服電話：0800-221-029
網　　址：www.bookrep.com.tw

法律顧問：華洋法律事務所　蘇文生律師
印　　刷：中原造像股份有限公司
電　　話：（02）2974-5797
初版一刷：2023 年 4 月
定　　價：380 元

起床後 1 分鐘的魔法提問筆記：不只是回答問題 , 更是吸引好事的超強儀式 / 松田充弘著 ; 賴惠鈴翻譯 . -- 初版 . -- 新北市 : 幸福文化出版 : 遠足文化事業股份有限公司發行 , 2023.04
面； 公分
ISBN 978-626-7184-90-5(平裝)
1.CST: 自我肯定 2.CST: 潛能開發 3.CST: 生活指導
177.2　　112002497
